DORIS IDING

ENTSCHLEUNIGEN

Mein Übungsbuch für
für mehr innere Ruhe & Ausgeglichenheit

DIE GU-QUALITÄTSGARANTIE

Wir möchten Ihnen mit den Informationen und Anregungen in diesem Buch das Leben erleichtern und Sie inspirieren, Neues auszuprobieren. Bei jedem unserer Produkte achten wir auf Aktualität und stellen höchste Ansprüche an Inhalt, Optik und Ausstattung. Alle Informationen werden von unseren Autoren und unserer Fachredaktion sorgfältig ausgewählt und mehrfach geprüft. Deshalb bieten wir Ihnen eine 100 %ige Qualitätsgarantie.

Darauf können Sie sich verlassen:
Wir legen Wert darauf, dass unsere Gesundheits- und Lebenshilfebücher ganzheitlichen Rat geben. Wir garantieren, dass:

- alle Übungen und Anleitungen in der Praxis geprüft und
- unsere Autoren echte Experten mit langjähriger Erfahrung sind.

Wir möchten für Sie immer besser werden:
Sollten wir mit diesem Buch Ihre Erwartungen nicht erfüllen, lassen Sie es uns bitte wissen! Wir tauschen Ihr Buch jederzeit gegen ein gleichwertiges zum gleichen oder ähnlichen Thema um. Nehmen Sie einfach Kontakt zu unserem Leserservice auf. Die Kontaktdaten unseres Leserservice finden Sie am Ende dieses Buches.

GRÄFE UND UNZER VERLAG. *Der erste Ratgeberverlag – seit 1722.*

KGS

INTENSITÄTSGRADE DER ÜBUNGEN

★☆☆ leicht, geht ruckzuck

★★☆ mittelschwer, dauert nicht so lange

★★★ anspruchsvoll, benötigt etwas mehr Zeit

Immer schön langsam!

BEVOR ES LOSGEHT

Wo fangen wir an? Was nehmen wir mit? Oft wissen wir gar nicht genau, wie wir aus dem Hamsterrad aussteigen können, ohne dabei auf die Nase zu fallen.

Die Art und Weise, wie du lebst, ist nicht nur abhängig von äußeren Umständen. Du kannst das, was dir passiert, zwar nicht immer beeinflussen, kannst aber selbst entscheiden, wie du damit umgehst. Die Übungen in diesem Buch unterstützen dich darin, einen bewussteren Umgang mit der Zeit zu entwickeln und zu entschleunigen, Achtsamkeit für deinen Körper und deine Gedanken zu entwickeln, die Augen wieder für das Glück der kleinen Dinge zu öffnen und das Leben zu genießen.

Schenk dir also jeden Tag 5, 15 oder besser sogar noch 30 Minuten Zeit, um die Übungen in diesem Buch zu machen. Viele davon kannst du auch in 2 bis 3 Minuten erledigen. Damit sie aber in Fleisch und Blut übergehen und dein Gehirn sie so gespeichert hat, dass sie auch in stressigen Zeiten sofort abrufbar sind, ist es ratsam, sich jeden Tag intensiver als nur ein paar Minuten mit ihnen zu beschäftigen. Je mehr Zeit du in diese Übungen investierst, desto nachhaltiger entfalten sie ihre Kraft. Jede einzelne Übung ist wie ein kleiner Schritt auf einem Weg, der zu großer Veränderung führen kann. Gehen musst du ihn allerdings selbst. Dabei wünsche ich dir heitere Gelassenheit und viel Freude.

★★★ WIE GUT KANNST DU ENTSCHLEUNIGEN?

Obwohl die Sehnsucht nach Ruhe, Gelassenheit und Entspannung so groß ist, ist das Thema Entschleunigung für jeden von uns sehr heikel. Wie ist das bei dir? Gelingt es dir, ab und zu einen Gang runterzuschalten, oder verbringst du dein Leben permanent auf der Überholspur?

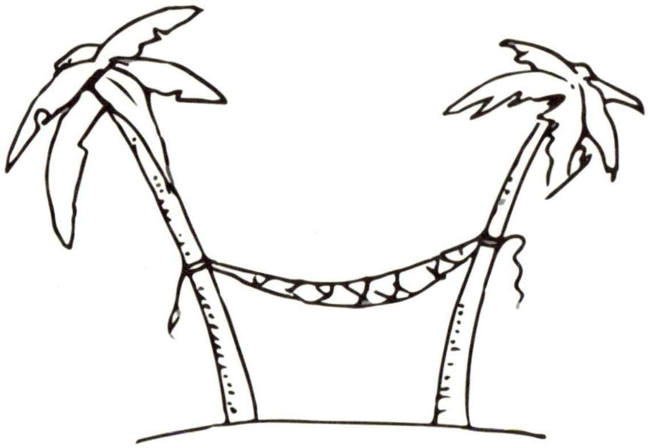

Überprüfe, ob du in der Lage bist, auch in stressigen Zeiten mal innezuhalten, oder ob du immer und überall auf Hochtouren fährst. Kreuze dazu die Aussagen auf der Skala von 1 (selten) bis 6 (meistens) an.

Nice to know!

THINK POSITIVE!

Obwohl wir wissen, dass positive Gedanken besser für uns sind als negative, finden wir häufig aus der Spirale der bösen Gedanken nicht heraus. Das hat folgenden Grund: Untersuchungen haben gezeigt, dass wir Menschen über ein sogenanntes »katastrophisches« Gehirn verfügen. Es speichert negative Erfahrungen und Gedanken eher als positive. Gefahren rechtzeitig zu erkennen, war vor Jahrtausenden für uns Menschen überlebensnotwendig. Wer dies nicht konnte, wurde unter Umständen als Erster gefressen. Heute führt uns dieser ererbte Mechanismus leicht in einen gesundheitlich schwächenden Dauerstress. Entschleunigen wir hingegen, können wir negative Gedanken als solche erkennen und uns nicht mehr krank machen lassen.

	1	2	3	4	5	6
Ich habe immer das Gefühl, dass mir die Zeit zwischen den Fingern zerrinnt.						
Ich mache meistens mehrere Sachen gleichzeitig, weil ich sonst nicht alles zu schaffen glaube.						
Beim Autofahren reagiere ich sehr schnell gereizt.						
Ich habe oft Konzentrationsschwierigkeiten.						
Ich habe das Gefühl, dass meine To-do-Listen kein Ende nehmen.						
Ich empfinde Anspannung oft erst dann, wenn sie sich als körperliche Verspannung oder Migräne bemerkbar macht.						
Es fällt mir auch am Wochenende schwer, mal so richtig abzuschalten.						
Ich habe häufig das Gefühl, keine Zeit mehr für mich zu haben.						
Ich liebe es, von einer besseren und schöneren Zukunft zu träumen.						
Ich bin körperlich meist sehr verspannt.						
Ich fühle mich in letzter Zeit immer häufiger überfordert.						
Ohne eine Tasse Kaffee komme ich nicht wirklich in die Gänge.						
Ich fühle mich sehr häufig gerädert.						
Ich reagiere sehr oft überempfindlich.						
Ich habe Gedächtnislücken.						

Meine Gesamtpunktzahl: ________

Auswertung: Mein Stresspegel

Je höher die Punktzahl, desto regelmäßiger solltest du die Übungen in diesem Buch machen. Auf die Schnelle wirst du nicht entschleunigen können. Entschleunigung ist kein Ziel, sondern ein Weg. Bereits kleine Schritte darauf können große Veränderungen in deinem Alltag bewirken. Die Entwicklung einer unumstößlichen Gelassenheit braucht jedoch etwas Zeit. Aber mit jedem Schritt wird dein Gang auf dem Weg leichter und friedvoller.

0 bis 15 Punkte:

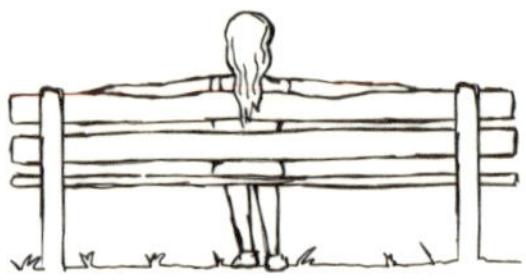

Du bist bereits in der Lage, gut auf dich zu achten und das Leben nicht nur als Pflichterfüllung zu betrachten. Du tätest trotzdem gut daran, dir auch im Verlauf eines Tages immer wieder eine kleine Pause zu gönnen und dafür zu sorgen, dass du ab und zu am Wochenende wirklich Zeit findest, um Gelassenheit zu kultivieren, über bestimmte Bereiche deines Lebens nachzudenken, dich mehr mit deiner Familie oder deinen Freunden auszutauschen und ganz bewusst zu entschleunigen.

15 bis 30 Punkte:

Es ist an der Zeit, dass du deinen Blick mehr nach innen richtest, anstatt dich permanent nach der Uhr und den Bedürfnissen anderer zu richten. Es ist Zeit, dass du den Dingen mehr ihren Lauf lässt und Gelassenheit und Achtsamkeit kultivierst. Trage dir einen Jour fixe im Kalender ein, um das zu tun. Eine Verabredung mit dir selbst. Eine Stunde, ein Nachmittag, ein Abend oder ein ganzer Tag, der nur dir gehört und an dem du dich vollkommen entspannen kannst und deinen Blick auf die Bedürfnisse deines Herzens lenkst. Zu entschleunigen bedeutet, langsamer zu werden, damit du das Leben wieder mit heiterer Gelassenheit betrachten kannst. Es bedeutet auch, deiner inneren Stimme auch in stressigen Zeiten mehr Gehör zu schenken. Anstrengend ist es nicht. Es braucht lediglich eine Entscheidung von dir, es auch wirklich zu wollen. Bist du bereit, deiner Sehnsucht nach innerer Ruhe, mehr Leichtigkeit in deinem Leben aus ganzem Herzen zu folgen? Es gibt keinen Grund, es nicht zu tun.

31 bis 45 Punkte:

Du weißt selbst, dass du dringend etwas in deinem Leben ändern solltest, oder?! Du bist viel zu häufig im Stress, regst dich viel zu schnell auf, arbeitest zu viel und bist über die Maßen pflichtbewusst, bleibst dabei aber selbst auf der Strecke. Arbeite das Buch nach Möglichkeit gründlich durch und nimm dir für jede Übung ruhig ein paar Tage oder sogar eine Woche Zeit. Mit den Übungen in diesem Buch wirst du lernen, einen bewussteren Umgang mit der Zeit zu entwickeln und mehr auf deine tatsächliche Belastungsfähigkeit zu achten. Es wird viele Übungen geben, die dir sehr leicht fallen werden und dich auf spielerische Weise darin unterstützen, Ruhe zu entwickeln und diese auch in stressigeren Zeiten beizubehalten. Du brauchst sie nur zu machen!

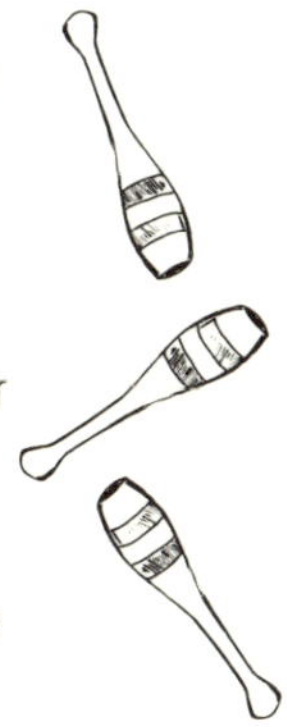

46 bis 60 Punkte:

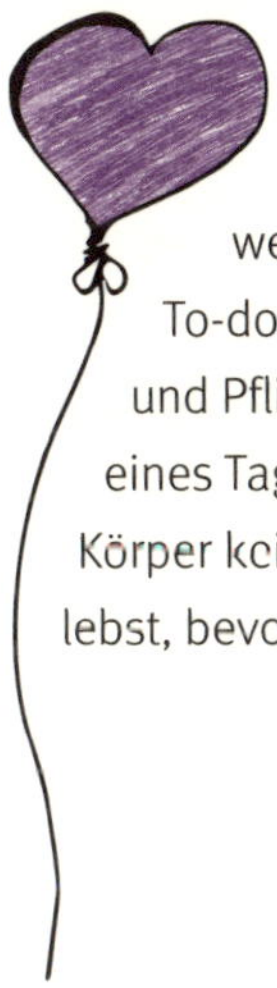

Gut, dass du dieses Buch in der Hand hast, denn es ist höchste Zeit, dass du aus dem Hamsterrad aussteigst. Wenn du nicht bald etwas Grundlegendes änderst, läufst du Gefahr, krank zu werden. Du verbringst dein Leben im Erledigungsmodus und deine To-do-Listen nehmen kein Ende. Dein Leben besteht nur aus Arbeit und Pflichterfüllung. Verabschiede dich von der Illusion, dass deine Liste eines Tages leer bleibt. Es wird Zeit, dass du dir bewusst machst, dass dein Körper keine Funktionsmaschine ist. Mache dir bewusst, dass du nicht ewig lebst, bevor es zu spät ist.

Nice to know!

DEM KÖRPER DANKEN

Lasse Dankbarkeit zur Gewohnheit werden. Schicke vor dem Schlafengehen deinen Füßen einen Dank. Nur weil sie gesund sind, kannst du tanzen und achtsam Schritt für Schritt gehen. Am nächsten Abend danke deinen Augen. Nur weil sie gesund sind, kannst du die Schönheit dieser Welt sehen! Am nächsten Abend geht es weiter mit Ohren oder den Händen. Danke jedem Tag einem anderen Teil deines Körpers.

MEINE VISION

Am Anfang eines Weges steht meist ein inneres Wunschbild oder eine Vision. Stelle dir vor, wie dein Leben im besten Sinne aussehen sollte.

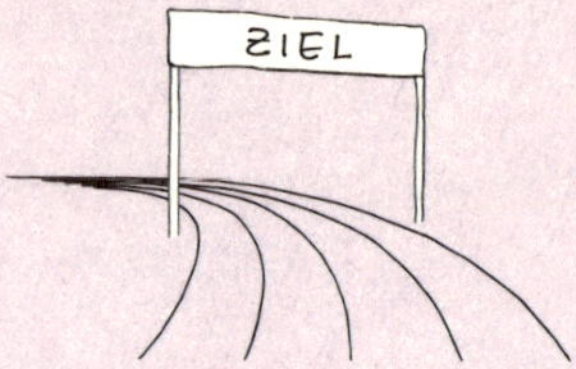

Schreibe die fünf wichtigsten Wünsche auf, die du in Zusammenhang mit einem entschleunigten Leben erfüllt haben möchtest. Formuliere sie positiv und so, als ob du diese bereits erreicht hättest, zum Beispiel:

Ich schlafe jede Nacht gut und fest und bin morgens ausgeruht.

1. ______________________________

____

2. ______________________________

____

3. ______________________________

____

4. ______________________________

____

5. ______________________________

____

Überlege dir, wie du deine Ziele zeitlich sinnvoll staffeln kannst. Stecke dir einen zeitlichen Rahmen und notiere dir zu jedem Ziel einen Zeitpunkt, bis zu dem du es erreicht haben möchtest.

LEGE DIR EINEN GARTEN AN

Alles braucht seine Zeit. Auch wenn dein Wunsch, dein Leben von heute auf morgen zu ändern, es zu genießen und die Dinge mit Muße zu erledigen, sehr groß ist, so dauert es eine Weile, bis sich alte Verhaltensmuster verändert haben und sich neue neuronale Verbindungen entwickelt haben, die dafür sorgen, dass du in stressigen Zeiten gelassen auf die Herausforderungen des Lebens reagierst.

Auch ein Baum wächst nicht von heute auf morgen und manchmal dauert es, bis die erste Ernte eingeholt werden kann. Säe ein paar Samen in einem Topf und kümmere dich um die Pflanzen. Sie sind ein gutes Sinnbild dafür, dass alles seine Zeit braucht. Besonders in Zeiten, in denen du ungeduldig bist, kann sich dir vor Augen führen, dass auch das Entschleunigen ein Prozess ist.

Nice to know!

DIE GESCHICHTE VOM WEIZEN

Eines Abends kam ein Bauer später als gewöhnlich zum Essen nach Hause. Seine Frau fragte ihn erstaunt: »Warum kommst du so spät?« Daraufhin antwortete er: »Ich habe dem Weizen beim Wachsen geholfen.«
»Soso«, antwortete sie. »Das möchte ich gerne sehen.« Nach dem Essen gingen sie gemeinsam auf das Feld hinaus. Und siehe da, der ganze Weizen war verkommen. »Was hast du getan?!«, schrie sie ihren Mann wütend an. »Ich bin fleißig durch alle Reihen gegangen und habe an allen Weizenhalmen gezogen. Ich wollte ihnen doch nur helfen.«

DU ODER DIE ZEIT, WER HAT DIE HOSEN AN?

Time! Not money

Auch wenn wir gerne mehr davon hätten, jedem von uns stehen nur 24 Stunden am Tag zur Verfügung. Abhängig davon, was wir tun, wird dieser Zeitraum aber ganz unterschiedlich erlebt. Im Urlaub etwa vergeht eine Woche wie im Flug. Bei einem Abend mit Freunden oder bei einer Tätigkeit, die uns erfüllt, können wir die Zeit sogar vollkommen vergessen. Umgekehrt dehnt sich die Zeit ins Unendliche aus, wenn wir beim Zahnarzt auf dem Behandlungsstuhl sitzen oder die S-Bahn auf dem Weg zum Flughafen plötzlich mitten auf der Strecke unvorhergesehen stehen bleibt.

Zeit ist – neben unserer Gesundheit – das wertvollste Gut, das wir besitzen. Sie ist unser Schatz, unser Kapital und mehr wert als Geld. Wir wissen darum und beklagen ständig die Kürze des Lebens, versuchen, Zeit zu sparen, sie zu halten und nicht allzu viel davon zu verlieren. Gleichzeitig tun wir häufig so, als wären wir unsterblich. Und das, obwohl wir alle wissen, dass wir es nicht sind. Die Kunst besteht also darin, in Anbetracht der eigenen Vergänglichkeit und der omnipräsenten Zeitnot zu lernen, die eigene Zeit gekonnt zu nutzen, statt sie sinnlos zu verschwenden.

Beantworte die folgenden Fragen für dich:

Welches Verhältnis hast du zu deiner Zeit?

Ist die Zeit für dich ein Feind?

ja nein

Verbringst du deinen Tag im Wettlauf gegen die Uhr und fällst abends erschöpft als Verlierer ins Bett?

ja nein

Lässt du dich von der Zeit beherrschen?

○ ja ○ nein

Ist Zeit für dich eher eine Ressource oder vielleicht sogar eine Muße?

➤ ____________________________

____

Nimmst du die Zeit nicht so ernst? Mit der Konsequenz, dass du gerne eine halbe Stunde später zu Verabredungen kommst?

○ ja ○ nein

Hast du die Zeit zu deinem großen Meister gemacht, der vollkommen über dein Leben bestimmt?

○ ja ○ nein

Verläuft dein Leben in festen Zeitbahnen, die unverrückbar sind?

○ ja ○ nein

Zählst du zu den Menschen, für die Zeit ein Mysterium ist, und übergehst dabei deinen Körper und seine Bedürfnisse?

○ ja ○ nein

GIB DEINER ZEIT EIN GESICHT

Gib deiner Zeit ein Gesicht, eine Gestalt oder einen Namen.
Zeichne euch beide, stelle euch in Beziehung zueinander auf.

Smile!

HAST DU DEINE ZEIT IM GRIFF?

Ich krieg dich!

Die Bundesanstalt für Arbeitsschutz und Arbeitsmedizin hat in einer Untersuchung herausgefunden, dass viele Erwerbstätige unter den zahlreichen Störungen und Unterbrechungen während der Arbeit leiden. Die meiste Zeit und Energie verpufft tatsächlich dadurch, dass Prioritäten falsch gesetzt sind und klare Ziele fehlen.
Hast du deine Zeit jedoch im Griff, kannst du effektiv arbeiten, mehr Stunden mit deiner Familie und deinen Freunden verbringen und im Ganzen gelassen und entspannt leben, ohne dass etwas auf der Strecke bleibt.

»Fange jetzt zu leben an und zähle jeden Tag als ein Leben für sich.«
(Seneca)

Nice to know!

ICH JOGGE

Und ich versuche, es so regelmäßig wie möglich im Park bei mir um die Ecke zu tun. Den gleichen Weg zu joggen, in den sich wandelnden Jahreszeiten, der immer schneller werdenden Zeit, verleiht mir ein Gefühl von Sicherheit. Da ist wenigstens etwas, was sich nicht wandelt. Etwas, was verlässlich scheint. Ja, den immer gleichen Weg entlangzulaufen, beruhigt mich immer wieder in dieser heutigen Zeit, in der alle gewohnten Strukturen und alles Vertraute auseinanderzubrechen droht. Deshalb liebe ich dieses Ritual. Außerdem kenne ich den Weg bereits so gut, dass ich dort meinen Gedanken über den Sinn und Unsinn der heutigen Zeit nachhängen kann, ohne vom Weg abzukommen.

Wie beantwortest du die folgenden Fragen?
Kreuze an und zähle anschließend deine Punkte zusammen.

	Ja (4 Punkte)	Nein (1 Punkt)
Tagsüber habe ich so viele Telefonate und Mails zu erledigen, dass ich immer wieder abgelenkt werde und es mir schwerfällt, mich länger auf etwas zu konzentrieren.		
Über den Tag verteilt gibt es so viele Störfaktoren, dass ich häufig erst nach Dienstschluss dazu komme, meine eigentlichen Aufgaben in Ruhe zu erledigen.		
Ich habe das Gefühl, dass ich nie fertig werde mit meiner Arbeit.		
Ich leide unter Zeitnot, sowohl beruflich als auch privat.		
Ich habe immer das Gefühl, dass etwas zu kurz kommt: Die Arbeit, meine Freunde, die Familie und am Schluss auch ich selbst.		
Ich fühle mich fremdgesteuert und habe das Gefühl, in erster Linie nur noch zu reagieren, um dem ständigen Ansturm von Anforderungen und Aufgaben gerecht zu werden.		
Die steigenden Anforderungen an meine Arbeit, die immer kürzer werdenden Zeitspannen, in denen Termine erledigt werden müssen, die größer werdende Menge an Verwaltung setzen mich zunehmend unter Stress und Zeitdruck.		

ja: _____ nein: _____

Meine Gesamtpunktzahl: _____

Auswertung:

Bis 7 Punkte:

Du hast keine großartigen Probleme mit der Zeit und kannst sie sehr effektiv einsetzten. Deshalb brauchst du kein schlechtes Gewissen zu haben, wenn du entschleunigst und dir für die Dinge, die zu tun sind, etwas mehr Zeit lässt. Im Gegenteil: Sowohl deine Arbeit als auch deine Beziehungen werden maßgeblich davon profitieren. Dein ganzes Leben wird mehr Tiefe bekommen – und das wirst du genießen.

8 bis 16 Punkte:

Dir ergeht es so wie den meisten Menschen: Du wirst getrieben von einem Übermaß an Arbeit. Die Dinge, die dir wirklich Freude machen und dich erfüllen, bleiben dabei oft auf der Strecke. Du hast die Idee, dass deine To-do-Liste irgendwann abgearbeitet ist und du dann endlich entspannen kannst. Mache dir bewusst, dass du nicht ewig Zeit hast. Nutze sie also gut und überlege dir, ob du tatsächlich alles selbst machen musst oder ob es Dinge gibt, die du auch gut abgeben kannst. Wirf einen genauen Blick auf deine Terminplanung, dein Zeitmanagement und deine Prioritäten. Streiche die Aktivitäten, die du nur anderen zuliebe tust. Tue mehr von den Dingen, die dir guttun und dich entspannen.

20 bis 28 Punkte:

Die Zeit beherrscht dich. Sie hat dich so sehr im Griff, dass du das Gefühl hast, es niemandem mehr recht zu machen – am wenigsten dir selbst. Rund um die Uhr bist du im Erledigungsmodus unterwegs. Du hast nicht mal mehr die Zeit, darüber nachzudenken, ob das Leben, das du führst, überhaupt noch etwas mit dir zu tun hat. Es ist also höchste Zeit, dass du bewusster mit deiner Zeit umgehst.

ZEITRÄUBER IDENTIFIZIEREN

Kennst du sie auch, die Zeiträuber, die dafür sorgen, dass dein Tag vorbei ist, noch bevor du all das erledigt hast, was du dir vorgenommen hattest? Zeiträuber sind aufwendige Aktivitäten, umständliche Verhaltensweisen und kontraproduktive Geisteshaltungen wie Unentschlossenheit, Perfektionismus oder aber die Tendenz, übertriebene Aufmerksamkeit auf unnötige Details zu richten, oder das Festhalten an alten Gewohnheiten. Wenn dir bewusst wird, wer deine persönlichen Zeiträuber sind, kannst du dich von ihnen trennen und die gewonnene Zeit effizient einsetzen für die wirklich schönen Dinge im Leben.

Nice to know!

SICH BESSER SCHÜTZEN

Der Begriff »Zeiträuber« geht auf den amerikanischen Managementberater Alec Mackenzie zurück. Er ließ das Argument der Arbeitsüberlastung nicht gelten, sondern führte Ineffizienz und Arbeitsüberlastung auf die Unfähigkeit zurück, sich selbst vor Zeiträubern zu schützen. Mackenzie stellte eine Liste von über 100 (!) Faktoren zusammen, die Zeit stehlen. Hier findest du eine Auswahl:

- E-Mails & WhatsApp-Nachrichten
- Telefonate
- Unangemeldete Besuche
- Verkehrsstaus
- Soziale Netzwerke
- Meetings, spontan oder vorgeplant
- Fehlende Zielsetzungen
- Chaos
- Überhäufter Schreibtisch
- Überhöhte Aufmerksamkeit für Routinearbeiten
- Unentschlossenheit
- Ungelöste Konflikte
- Unfähigkeit zu delegieren

Wer sind deine Zeiträuber?

Mache eine Liste deiner Lieblingszeiträuber, wie zum Beispiel deine Wanderungen durch die sozialen Netzwerke oder Herumzappen beim Fernsehen. Vielleicht ist es aber auch eine zu große Liebe zum Detail, wo sie nicht unbedingt gebraucht würde. Oder umgekehrt so viel Zerstreutheit, dass du mit dem Suchen deines Autoschlüssels mehr Zeit verbringst als unbedingt nötig.

Zeiträuber Zeitaufwand

1. ______________________________

2. ______________________________

3. ______________________________

4. ______________________________

5. ______________________________

Überlege dir, welche Zeiträuber du reduzieren kannst oder von wem du dich kurz- oder langfristig sogar verabschieden möchtest.

____

____

____

____

____

____

____

____

Übungsalternative

Aufgepasst!

E-MAIL-FALLE!

Zählen Emails zu deinen Zeiträubern? Hat dich die Flut von unerledigten Mails am Morgen oder nach dem Wochenende wieder überrollt? Bist du vor lauter Nachrichten nicht dazu gekommen, deine eigentliche Arbeit zu tun? Tagtäglich stellt die Vielzahl von Mails die meisten von uns vor eine große Herausforderung. Lasse dich nicht von ihnen beherrschen. Hier ein paar Tipps, wie du dich vor ihnen schützen kannst.

1. Prüfe deinen E-Mail-Eingang zu festgelegten Zeiten: zweimal täglich (morgens und abends) 60 Minuten, dreimal täglich 45 Minuten oder viermal täglich 20 Minuten. Alle Mails, die dazwischen eintreffen, bearbeitest du erst im nächsten Zeitblock, der dafür vorgesehen ist. Diese Vorgehensweise macht es dir möglich, konzentrierter zu arbeiten.

2. Unterteile die Mails nach Priorität: Wichtige werden sofort bearbeitet, unwichtige später.

3. Verwende die Zwei-Minuten-Regel: Verwende nicht mehr als zwei Minuten pro Antwort. Nach Möglichkeit fasse dich noch kürzer. Kurze Mails werden aufmerksamer gelesen als lange Nachrichten.

4. Formuliere die Antworten eindeutig und klar, knapp und so, dass keine Missverständnisse entstehen.

5. Lege einen Ordner für solche Mails an, die nachbearbeitet werden müssen oder deren Beantwortung mehr Zeit in Anspruch nimmt. Mache dir hierfür extra einen Termin, damit genug Zeit zur Verfügung steht.

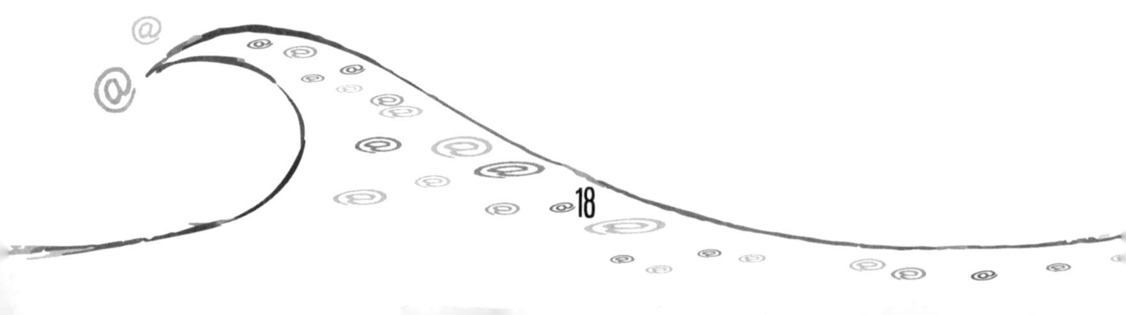

INTERNETFASTEN

Die Übung mit der E-Mail-Falle von der vorigen Seite kannst du natürlich auch auf Facebook, WhatsApp sowie andere sozialen Medien und das Internet übertragen und entsprechend reduziert und diszipliniert mit ihnen umgehen. Du kannst auch noch einen Schritt weitergehen und einmal ganz auf das Internet verzichten. Wie wäre das?!

Probier's doch gleich einmal aus: Schalte in der Mittagspause, oder am Feierabend dein Smartphone oder den Computer aus! Nutze diese kostbare Zeit stattdessen, um dein Essen zu genießen, einen Spaziergang an der frischen Luft zu machen oder Schluck für Schluck eine Tasse Tee oder einen Cappuccino zu trinken.

Beobachte, welche Gedanken und Gefühle und auch Körperempfindungen aufsteigen, wenn du wieder auf dich selbst zurückgeworfen wirst. Mache ein paar Notizen dazu:

Ich fühle mich von der Welt abgeschnitten.

Ich habe das Gefühl, endlich mal zu mir zu kommen.

Übungsalternative

Weite die Übung aus und verzichte einmal ein ganzes Wochenende auf das Internet. Wie geht es dir damit?

Nice to know!

CHANGE IT!

Wissenschaftler haben erforscht, dass sich unser Gehirn ständig durch das verändert, was wir tun. Wann immer wir etwas Neues dazulernen, bilden sich neuronale Verknüpfungen. Ähnlich wie Muskeln durch entsprechendes, regelmäßiges Training aufgebaut werden, so formen wir unser Gehirn durch bestimmte Übungen und Erfahrungen.

Eins nach dem anderen!

MONOTASKING

Wir werden heutzutage immer mehr mit so komplexen Aufgabenfeldern konfrontiert, dass wir das Gefühl haben, drei Dinge gleichzeitig machen zu müssen, um dem Ansturm an Erledigungen überhaupt noch gewachsen zu sein. Allerdings ist unser Gehirn nicht dafür gemacht, zwei Dinge auf einmal zu erledigen. Wenn du zum Beispiel beim Telefonieren die WhatsApp-Nachrichten checkst, wechselst du in Sekundenschnelle zwischen unterschiedlichen Aufgaben hin und her. Ein solches Verhalten ist kontraproduktiv und wirkt sich negativ auf deine Konzentrationsfähigkeit aus: Es führt zu Fehlern, Mehrarbeit, Hektik und Stress.

Mit Monotasking kannst du deinen Entschleunigungsprozess also maßgeblich unterstützen, denn:

- Die Bearbeitungszeit verkürzt sich bis zu 40 Prozent, wenn du konsequent bei einer Sache bleibst.
- Die Anzahl der Fehler nimmt ab, die Zufriedenheit darüber steigt.
- Die Kreativität nimmt zu, weil du dich gedanklich viel mehr auf eine Sache konzentrieren kannst.

Probier's aus! Plane deine Aufgaben, die du über den Tag verteilt erledigen musst, nach Prioritäten und Dauer. Welche dieser Aufgaben erfordern hohe Konzentration? Plane sie so, dass du für jede Tätigkeit genügend Zeit hast und ungestört daran arbeiten kannst.

Tätigkeit	Geplante Dauer
1. _____________	1. _____________
2. _____________	2. _____________
3. _____________	3. _____________
4. _____________	4. _____________
5. _____________	5. _____________

NUTZE DEN TAG!

Carpe diem!

Mache dir bewusst, dass alles vergänglich ist: deine Zeit, deine Lebenszeit und das Leben der Menschen, die du liebst.

Nimm dir eine Sanduhr und stelle dir vor, dass es deine Lebenszeit ist, die durch das Glas rinnt. Mehr als diese ist nicht für dich vorgesehen. Wie geht es dir, wenn du dir bewusst machst, dass deine Zeit kein unerschöpfliches Gut ist?

Was kommt dir spontan in den Sinn, wofür du dir mehr Zeit nehmen möchtest, mit dem Bewusstsein, dass deine Zeit begrenzt ist?

Womit möchtest du auf keinen Fall mehr Zeit verbringen angesichts der Tatsache, dass sie so wertvoll und begrenzt ist?

NUR 30 SEKUNDEN!

Enjoy!

Nimm dir die Zeit, Dinge, an denen du vorbeigehst, mindestens 30 Sekunden zu betrachten, zu riechen, zu schmecken, zu tasten oder zu hören. Du wirst merken: Dies ist eine lange Zeit. Aber was sind 30 Sekunden gemessen an einem ganzen Tag?!

Was verändert sich in deiner Wahrnehmung auf deine Sinne, dich, deine Umwelt und dein Leben, wenn du dir mehr Zeit lässt?

Ganz ruhig!

STILLE STUNDEN

Wer dauernd gestört wird, braucht zur erneuten Weiterarbeit an der gleichen Stelle einen zusätzlichen Anlauf und eine weitere Einarbeitung. Forschungen haben gezeigt, dass dadurch bis zu 28 Prozent unserer Zeit verloren gehen. Deshalb ist es wichtig, dass du für die Erledigung von äußerst wichtigen Arbeiten nach Möglichkeit täglich 45 bis 60 Minuten reservierst.
Es hat sich herausgestellt, dass sich die sogenannten »Stillen Stunden« nachhaltig positiv auf alles auswirken: Die Konzentrationsfähigkeit steigt, die Arbeiten werden effizienter und schneller erledigt, die Ergebnisse sind besser.

Plane deine »Stillen Stunden« jeden Abend für den kommenden Tag.

Was werde ich tun, um mir eine »Stille Stunde« einzurichten?

_ _ _ _ _ _ _ _ _ _ _ _ _ _ _ _ _ _ _

_ _ _ _ _ _ _ _ _ _ _ _ _ _ _ _ _ _ _

_ _

Meine »Stille Stunde« reserviere ich mir täglich von

_ _ _ _ _ _ _ _ _ _ _ _ _ bis _ _ _ _ _ _ _ _ _ _ _ _ _

Welche Arbeiten sollte ich in der »Stillen Stunde« erledigen?

_ _

_ _

TUE DINGE, DIE DU NICHT BEREUST

It's my life!

Bronnie Ware, eine australische Palliativkrankenschwester und Autorin, hat zahlreiche Menschen auf dem Weg in den Tod begleitet. Sie hat festgestellt, dass es fünf Dinge gibt, die Menschen in ihren letzten Stunden bereuen.

Überprüfe diese fünf Punkte für dich, und wenn es dir ähnlich geht wie vielen Menschen angesichts ihres Endes, ist es höchste Zeit zu entschleunigen und dafür zu sorgen, dass du diese Dinge am Ende deines Lebens mit einem »Ja!« beantworten können wirst. Nimm dir Zeit, die Fragen in Ruhe zu beantworten. Denn es ist DEIN Leben!

Ich wünschte, ich hätte den Mut gehabt, mein Leben zu leben!

- Lebst du dein Leben?

  ○ ja ○ nein

- Warst du so mutig, für die Dinge zu leben, für die du innerlich brennst?

  ○ ja ○ nein

- Hast du einen Beruf gewählt, der deiner Neigung entspricht? Oder hast du versucht, die Erwartungen deiner Eltern oder deines Umfelds zu erfüllen?

  ○ ja ○ nein

Ich wünschte, ich hätte nicht so viel gearbeitet!

- Warst du mehr an deiner Karriere interessiert als an deinem Partner/deiner Partnerin, deinen Kindern oder an deinen Freunden?

  ○ ja ○ nein

- Wie oft hast du »Ja« statt »Nein« gesagt, wenn es darum ging, Arbeit zu übernehmen, für die du eigentlich gar nicht zuständig warst?

  _

- Hast du so viel gearbeitet, weil die finanzielle Sicherheit über alles ging?

  ○ ja ○ nein

Ich wünschte, ich hätte meine Gefühle mehr ausgedrückt!

- Wann hast du deiner Frau/deinem Mann das letzte Mal gesagt, dass du sie liebst?

- Hast du deinem Freund/deiner Freundin schon einmal gesagt, wie dankbar du über die Freundschaft bist?
  ◯ ja ◯ nein

- Hast du deinem Kollegen schon einmal ehrlich gesagt, dass es dich nervt, wenn er immer so unachtsam und laut durchs Büro marschiert?
  ◯ ja ◯ nein

Ich wünschte mir, ich hätte Kontakte aufrechterhalten!

- Pflegst du deine echten Freunde genauso wie deine virtuellen Freundschaften?
  ◯ ja ◯ nein

- Wann hast du deine beste Freundin das letzte Mal getroffen und mit ihr einen Abend oder ein ganzes Wochenende verbracht?

  _

- Wie oft hast du in letzter Zeit Einladungen deiner Freunde abgelehnt?

  _

Ich wünschte, ich hätte mir erlaubt, glücklicher zu sein!

- Wie oft gönnst du dir Zeiten, in denen es dir so richtig gut gehen darf?

  _

- Hast du ein schlechtes Gewissen, wenn es dir so richtig gut geht?
  ◯ ja ◯ nein

- Wusstest du, dass Glück das Geburtsrecht eines jeden Menschen ist. Auch deins?!
  ◯ ja ◯ nein

ZWISCHENBILANZ

Bestimmt gibt es bereits Momente in deinem Leben, in denen es dir mithilfe der Übungen hier im Buch gelingt zu entschleunigen, deine Zeit besser einzuteilen und das Leben zu genießen. Auch wenn es täglich vielleicht nur wenige Minuten sind, in denen du dich nicht stressen lässt, lobe dich dafür und schätze diese Augenblicke. Sie sind der Anfang eines selbstbestimmten Lebens voller Freude und Gelassenheit.

Wo konntest du bereits Veränderungen in deinem Umgang mit Stress und Zeit feststellen?

1. Durch den bewussteren Umgang mit E-Mails etc. kann ich viel konzentrierter arbeiten und schaffe mehr ...

2. ______________________________

   ____

3. ______________________________

   ____

4. ______________________________

   ____

5. ______________________________

   ____

➡ Durch diese Situationen weißt du bereits, wie Entschleunigung schmeckt: nach Leichtigkeit, Freude und innerer Zufriedenheit. Versuche, diese Momente immer mehr auszudehnen.

EINFACH DA SEIN!

Achtsamkeit stellt die Basis für Entschleunigung dar. Achtsam zu sein bedeutet, dem, was gerade im Moment stattfindet, wertfrei zu begegnen. Denn nur so können wir das, was uns gerade passiert, beobachten, ohne uns darin zu verfangen. Achtsamkeit ist deshalb so fundamental wichtig, weil sie uns maßgeblich dabei hilft, tiefer gehende Einsichten zu gewinnen über unseren Umgang mit uns selbst, der Zeit und dem Leben. Sie hilft uns aber auch dabei, mehr über unsere Sicht auf uns selbst, andere Menschen und die Welt zu erkennen und zu verstehen. Achtsam zu sein heißt aber auch, mit allen Sinnen wahrzunehmen, was gerade im Moment passiert. So hilft sie dir, die Bremse zu finden, die es braucht, um das Hamsterrad anzuhalten.

Lege das Übungsbuch zur Seite und öffne dich für deine Sinnesempfindungen: Wie duftet deine Haut? Wie fühlen sich deine Haare an? Welche Geräusche hörst du in der Ferne? Schreibe so viele sinnliche Erfahrungen wie möglich auf:

Welche von diesen Erfahrungen nimmst du normalerweise nicht wahr?

Nice to know!

ACHTSAMKEIT ÜBEN

Wir formen unser Gehirn durch bestimmte Übungen und Erfahrungen. Mehr noch: Wir sind sogar in der Lage, unsere Stimmung gezielt zu beeinflussen. Die Achtsamkeit spielt hierbei eine wichtige Rolle.

Achtsamkeitsübungen fördern die Produktion jener Botenstoffe, die uns entspannen und in Folge glücklicher machen. Indem wir die Achtsamkeitsübungen machen, werden bestimmte Areale im Gehirn aktiviert und verstärkt, durch die wir langfristig ausgeglichener, zufriedener und erfüllter werden. Je öfter diese Nervenbahnen aktiviert werden, desto stärker werden diese. Gelassenheit, innere Ruhe, Glücksgefühle – all jene Zutaten, die wir erleben, wenn wir entschleunigen – sind also kein Zufall, sondern die Folge von einem klugen Umgang mit der Zeit, achtsamen Gedanken und bewussten Handlungen.

DREI-MINUTEN-ACHTSAMKEIT

Kurz und gut!

Beginne deine Achtsamkeitspraxis damit, indem du dir eine Tätigkeit vornimmst, die du eine Woche lang täglich ausführst. Es reicht, wenn du dir für diese Tätigkeiten drei Minuten Zeit nimmst.

Setze zunächst drei Routinetätigkeiten fest, die du jeden Tag mehr oder minder unbewusst verrichtest:

1. Meine Haare bürsten.

2. ______________________________

3. ______________________________

Wie geht es dir mit dieser Übung? Schreibe deine Erfahrungen damit auf:

____

____

____

____

Nimm in der nächsten Woche eine weitere Tätigkeit hinzu und schreibe auch hierzu deine Erfahrungen auf:

____

____

____

____

WANN BIN ICH NICHT DA?

Laut dem amerikanischen Achtsamkeitslehrer Jon Kabat-Zinn bedeutet achtsam zu sein, mitzubekommen, wann wir es nicht sind. Vielleicht bist auch du manchmal mit deiner Aufmerksamkeit gar nicht bei dem, was du gerade tust oder erlebst. Was das mit Entschleunigen zu tun hat? Sehr viel!
Sind wir in Gesprächen nicht ganz bei der Sache, hören wir nicht richtig zu. Das wiederum kann schnell zu Missverständnissen führen oder Streitigkeiten nach sich ziehen. Oder aber wir machen etwas halbherzig, weil wir mit unseren Gedanken schon wieder ganz woanders sind. Dadurch schleichen sich Fehler ein, und um diese wieder auszubügeln, kann das schon mal doppelt so viel Zeit in Anspruch nehmen, als wenn du das, was zu tun gewesen wäre, ordentlich gemacht hättest. Häufig sind es die Tätigkeiten, die wir regel- und gewohnheitsmäßig erledigen. Je früher du also bemerkst, dass du achtsam bist, desto eher kannst du wieder in den gegenwärtigen Moment kommen und das, was zu tun ist, mit deiner ganzen Aufmerksamkeit erledigen.

Schreibe die Situationen auf, in denen du unachtsam bist. Lobe dich dafür, anstatt dich dafür zu bestrafen, denn jedes Mal, wenn du das bemerkst, bist du ja achtsam gewesen.

Wenn ich einkaufe, bin ich mit meinen Gedanken oft ganz woanders und vergesse auch schon mal gerne die Hälfte.

ACHTSAMER BODY-CHECK

Mit dem eigenen Körper wirklich in Dialog zu sein ist ungeheuer wertvoll! Er ist ein feines Messgerät, das dir jede Emotion, jede Stimmung und auch jedes Anzeichen von Stress bereits frühzeitig genug mitteilt. Lausche also auf die Signale deines Körpers. Das ist so wertvoll für dein Wohlergehen. Denn: Dein Organismus ist ein hochsensibles Frühwarnsystem. Es reagiert bereits, lange bevor du krank wirst, aus dem Gleichgewicht gerätst oder ausbrennst. Er zeigt dir, was und wer dir guttut und woraus du deine Kraft schöpfen kannst. Er zeigt dir auch, wann es Zeit ist, um zu entschleunigen. Denn nur im Dialog mit deinem Körper bist du den Anforderungen des Alltags gewachsen. Viel zu häufig übergehen wir das Gefühl von Durst, Hunger oder Müdigkeit. Überhören wir diese Bedürfnisse lange, dann zwingt uns der Körper irgendwann dazu, eine längere Pause einzulegen, als uns lieb ist.

Je häufiger du mit deinem Körper in Dialog gehst, desto besser versteht ihr euch! Probiere einfach die folgende kleine Übung:

- Setze dich in eine aufrechte Position. Beginne, deinen Körper von oben bis unten von innen abzuscannen:
- Wie geht es deinem Kopf? Kann er sich noch konzentrieren oder bräuchte er eine kurze Pause an der frischen Luft?
- Wie fühlen sich deine Augen? Würde ihnen ein entspannter Blick in die Ferne guttun?
- Was machen deine Ohren? Würden Sie sich über Stille freuen?
- Sind Schultern, Hals und Nacken entspannt? Wären sie dir für eine einfache Lockerungsübung dankbar?
- Wie geht es deinem Magen? Knurrt er dich schon an, weil du ihn so lange nicht beachtet hast?
- Was machen deine Beine? Würdest du ihnen eine Freude bereiten, wenn du mit ihnen spazieren gehst?

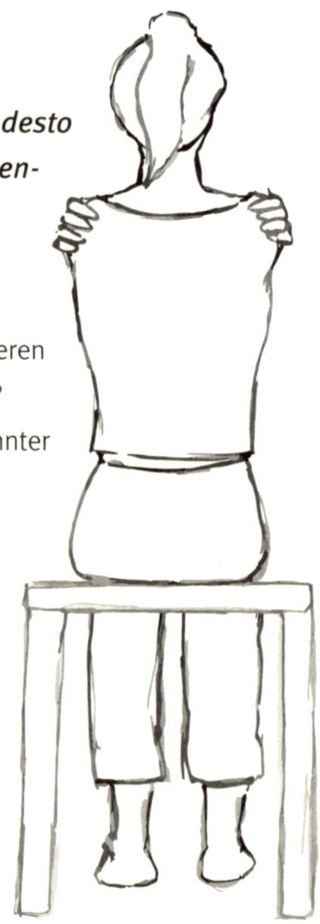

ACHTSAMKEITSMANDALA

Einfach ausmalen!

Nimm dir ein paar Buntstifte und ein bisschen Zeit und male dieses Mandala aus. Eine wunderbare Tiefenentspannung!

★★★ ACHTSAM LUFT RAUSLASSEN

Ein, aus!

Nimm dir für diese Übung drei bis zehn Minuten Zeit.

- Setze dich aufrecht hin und lege deine Hände auf den Unterbauch.
- Schließe die Augen und konzentriere dich auf deine Atmung, ohne sie zu verändern.
- Nimm wahr, wie der Atem durch die Nase ein- und ausströmt. Spüre, wie sich die Bauchdecke durch die Einatmung hebt, und sage dabei »Auf«, und wenn sie sich durch die Ausatmung wieder senkt, sagst du »Ab«.
- Lasse die Ausatmung länger werden als die Einatmung und entspanne dich.
- Nimm wahr, wie du mit jedem Ausatem ein bisschen mehr auf der Sitzfläche deines Stuhls ankommst und dabei immer ruhiger wirst.

ERDBEERMEDITATION

In dieser Übung verbindest du dich mit deinen unmittelbaren Sinnesempfindungen: Hören, Sehen, Riechen, Schmecken und Fühlen. Lass die Empfindungen einfach zu. Nimm dir 10 bis 15 Minuten Zeit.

Nimm eine Erdbeere (oder ein anderes Obst) in deine Hand. Tue so, als hättest du noch nie eine Erdbeere gesehen, gerochen oder geschmeckt. Konzentriere dich vollkommen auf deine sensorische Wahrnehmung: Nimm die Erdbeere in die Hand und schließe die Augen. Spüre ihre Temperatur und ihr Gewicht. Halte sie zwischen Daumen und Zeigefinger. Nimm die Form und Beschaffenheit der Oberfläche wahr, ihre Konsistenz. Rieche an ihr.

- Was passiert, wenn du sie an deine Lippen hältst?
- Öffne den Mund und lege sie auf deine Zunge. Was passiert genau?
- Nimm die Explosion deines Geschmacksinns wahr, wenn du auf die Erdbeere beißt.
- Und nimm wahr, wie es sich anfühlt, wenn du sie herunterschluckst.
- Spüre dem Geschmack nach. Wie verändert er sich?

Welche Qualitäten hast du festgestellt? Schreibe mindestens sieben verschiedene Eigenschaften auf:

1. ________________________

2. ________________________

3. ________________________

4. ________________________

5. ________________________

6. ________________________

7. ________________________

SCHRITT FÜR SCHRITT

Langsam und bewusst zu gehen ist eine der wirksamsten Maßnahmen der Entschleunigung. Das langsame und bewusste Gehen, bei dem du den Boden unter deinen Füßen spürst, bringt dich unweigerlich sofort ins Hier und Jetzt! Auf der Fußsohle laufen ca. 7 500 Nervenenden zusammen. Sie bringen dich also unmittelbar mit dem ganzen Körper in Kontakt. Besonders in stressigen Zeiten ist diese Übung besonders wirksam.

Probier's aus. Gehe fünf bis zehn Minuten eine Strecke ganz bewusst und so entspannt wie möglich (barfuß) Schritt für Schritt und nimm dabei den Untergrund unter deinen Füßen wahr.

Notiere danach deine Erfahrung:

SCHLANGENMEDITATION

Nur die Ruhe!

Wir hetzen wie ferngesteuert und auf Autopilot durch unseren Tag. Sind gar nicht dabei. Dabei sind wir ein Teil von ihm, nehmen das aber gar nicht wahr, weil wir ständig zwischen Vergangenheit und Zukunft, zwischen Haben wollen und Nichthaben wollen hin- und herpendeln.
Zu entschleunigen heißt aber, im gegenwärtigen Moment zu leben. Es heißt, das, was gerade passiert, anzunehmen, anstatt immer wieder irgendwo anders sein zu wollen.

Diese Übung hilft dir dabei, das zu üben. Denn nichts ärgert einen mehr als lange Schlangen im Supermarkt, an der Zapfsäule, an der Kinokasse. Stehen mehr als fünf Menschen vor uns, haben wir das Gefühl, unsere Zeit zu verschwenden. Dabei ist genau dieses Schlangestehen eine hervorragende Möglichkeit zu entschleunigen!

Wenn du das nächste Mal anstehst, zum Beispiel im Supermarkt an der Kasse – dann nutze diese Zeit, um deine ganze Aufmerksamkeit auf das Wunder des Moments zu erfahren. Das heißt: Jetzt wartest du nicht mehr, dass du endlich drankommst, sondern verbringst die Zeit mit dem Warten ganz achtsam im Hier und Jetzt.

Dabei nimmst du dich selbst bewusst wahr, jedes einzelne Körperteil: Kopf, Hals, Brust, Schultern und oberer Rücken, Arme, Hüften, Oberschenkel, Waden und Füße. Atme dabei je dreimal in den jeweiligen Bereich, ohne etwas verändern zu wollen.

Wie erlebst du diese Minuten, wenn du nicht mehr anstehst, sondern einfach BIST – und zwar ganz präsent in deinem Körper?

Übungsalternative

Nimm dir ein paar Buntstifte und ein bisschen Zeit und male dieses Mandala aus. Eine wunderbare Tiefenentspannung!

ANKER SETZEN

Einfach sitzen!

Entschleunigen ist ein Prozess, der zu einer grundlegenden Veränderung unseres Denkens und Handelns führt. Es beginnt mit einer bewussten Wahrnehmung unseres eigenen Körpers und seiner Verankerung im Moment.

Diese Übung bringt dich unmittelbar in deinen Körper zurück. Sie verankert deinen Geist in den Sitzhöckern. Dadurch können deine Gedanken nicht mehr so leicht in der Vergangenheit und Zukunft umherwandern. Stattdessen bist du körperlich vollkommen präsent.

- Setze dich aufrecht hin. Die Füße sind parallel aufgestellt - verwurzle sie gedanklich im Boden. Richte deine Wirbelsäule auf und nimm ganz bewusst Kontakt mit der Rücklehne, der Unterlage und den Füßen auf.
- Mache dir den Körper als Ganzes bewusst, der in Kontakt mit dem Boden und dem Stuhl ist. Gehe dann mit deiner Aufmerksamkeit zur Unterlage. Lege deine Hände unter das Gesäß, sodass du die Sitzhöcker ganz bewusst wahrnimmst.
- Wenn der Kontakt hergestellt ist, nimm die Hände wieder weg und lasse dich dann noch bewusster auf dem Stuhl oder der Unterlage nieder. Stelle dir dabei vor, wie sich deine Sitzhöcker in die Erde bohren und sich mit ihr verankern.

Nice to know!

WOHLFÜHLPROGRAMM

Übungen wie diese wirken sich positiv auf den gesamten Körper aus. Einige Studien zeigen, dass Probanden nach einer solchen Übung mehr Abwehrkörper im Blut hatten und Botenstoffe, die dabei helfen, den Blutdruck zu regulieren. In anderen Tests empfanden Schmerzpatienten Beschwerden als weniger belastend, wenn sie eine achtsame Haltung einübten.

GELASSEN ABWARTEN

Rituale können dich maßgeblich darin unterstützen, gelassener auf äußere Reize zu reagieren und selbstbestimmter zu handeln. Sie helfen dir dabei, automatischen Reaktionen entgegenzuwirken und selbstbestimmter zu leben. Ein solches Ritual ist das bewusste Innehalten, zum Beispiel, wenn das Telefon klingelt. Es lässt sich wunderbar in deinen Alltag integrieren. So geht's:

- Wann immer dein Telefon klingelt und du das Gespräch wie selbstverständlich annehmen willst, halte kurz inne. Verwurzle dich mit dem Boden, indem du ganz bewusst tief ein- und schnell ausatmest.
- Spüre deinen Körper von den Zehenspitzen bis zu den Haarwurzeln. Wie fühlt er sich an? Wie reagiert er auf den Klingelton?
- Was passiert, wenn du nicht sofort reagierst, sondern ganz bewusst bei dir bleibst?
- Halte das Klingeln ganz bewusst aus. Atme noch drei- oder viermal ganz bewusst ein und aus. Rufe zurück, wenn der Anrufer aufgelegt hat, oder warte, bis er sich noch einmal meldet. Du wirst sehen, dass die Welt nicht untergeht, wenn du nicht sofort erreichbar bist.

Wie fühlt es sich an, wenn du nicht auf jedes eingehende Telefonat automatisch reagierst? Schreibe deine Erfahrungen über einen Tag verteilt auf. Wie fühlt es sich an, wenn du mehr selbstbestimmt lebst?

EINFACH MAL ABSCHALTEN

Untersuchungen aus der Neuropsychologie haben gezeigt, dass unser Gehirn extrem auf virtuelle Reize reagiert. Wir können uns der Informationsflut, die sekündlich aus dem Internet auf uns einströmt, quasi gar nicht entziehen, weil wir in ihr Stimulanz, Neues und Abenteuer erleben. Wir haben das Gefühl, dabei zu sein, Bescheid zu wissen und das Leben in gewisser Hinsicht sogar kontrollieren zu können. Doch irgendwann überflutet uns die digitale Zwangsbeglückung dermaßen, dass wir vergessen, uns mit uns selbst zu beschäftigen. Wir verlieren den Bezug zur Ruhe und glauben, dass das wahre Leben aus einem hohen Aktivitätspegel besteht. Außerdem lenkt es uns davon ab, uns mit innerer Einsamkeit, Leere, Unzufriedenheit und Unordnung in uns auseinanderzusetzen.

Erst wenn wir in einem Funkloch sitzen, werden wir damit konfrontiert. Solange wir uns aber in einer Art elektronischer Trance befinden, sind wir weiterhin mit rasender Geschwindigkeit in virtuellen Welten unterwegs. Zu entschleunigen heißt aber auch, nicht länger vor sich selbst wegzurennen und sich unangenehmen Gefühlen wie Ängsten oder Einsamkeit zu stellen. Nur dann können wir erkennen, warum wir uns mit Arbeit, Informationen und dergleichen überfluten. Nur so ist es möglich, langsamer zu werden, um bei uns selbst anzukommen.

Jedes Smartphone und jeder PC besitzen einen wunderbaren Knopf zum Ein- und Ausschalten. Probier's aus: Schalte dein Smartphone erst morgens um 9 Uhr an. Gönne den Geräten nach 18 Uhr einen ruhigen Feierabend.

Wie geht es dir damit? Wenn dir dieser Verzicht auf Anhieb zu extrem ist, dann beginne langsam mit 5 oder 15 Minuten und schreibe die Erfahrung auf, die du damit machst.

Zeitraum	Positive Erfahrung	Negative Erfahrung
Samstag, 15 Minuten offline		Fühle mich innerlich sehr gestresst, hab das Gefühl, was zu verpassen.
Sonntag, 30 Minuten	Joggen genossen, ohne Musik, ohne Kontakt. Flow-Erlebnis!	

BUNTE ERINNER-MICHS

Bis du dem Leben mit heiterer Gelassenheit begegnest, auf Stress mit einem milden Lächeln reagierst und deine Mitmenschen dich für den Inbegriff der Entschleunigung halten, wird es ein bisschen dauern. Denn: Bis dir neue Verhaltensweisen wie Achtsamkeit, ein sorgsamer Umgang mit der Zeit, Selbstreflexion und so weiter in Fleisch und Blut übergegangen sind, braucht es Übung. Erst nach und nach bilden sich neue Verknüpfungen in deinem Gehirn, die bei Stress nicht mit »Aktion« reagieren, sondern mit »Tief durchatmen«. Allerdings braucht es mindestens 60 Wiederholungen der gewünschten Reaktion. An die müssen wir uns aber manchmal erinnern. Und das ist in Zeiten, in denen die Welt Kopf steht und zehn Menschen gleichzeitig an einem zerren und ziehen, gar nicht so leicht.

Deshalb ist es ratsam, wenn du dir kleine bunte Zettel zu deinen Erinnerungshilfen machst. Klebe bunte »Post it«-Zettel zum Beispiel an den Kühlschrank, an die Espressomaschine, den PC oder an den Herd. Schreibe ein »E« oder »Entschleunigung« oder »Calm down« darauf. Solange du nicht mit jeder Zelle deines Körpers verinnerlicht hast, bei allem, was du tust, im Hier und Jetzt zu sein, ist es hilfreich, daran erinnert zu werden.

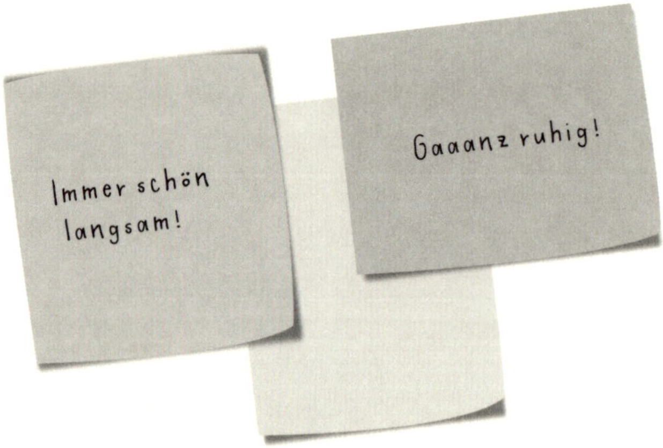

ROUTINE ADÉ!

Natürlich lässt sich Entschleunigung auch in deinen beruflichen Kontext integrieren. Ja, auch in deinen! Fange gleich damit an, wenn du morgen zur Arbeit gehst: Verlasse das Hamsterrad und gehe Schritt für Schritt einen neuen Weg!

Denn: Wenn wir Dinge regelmäßig tun oder immer die gleichen Wege gehen, laufen wir Gefahr, in einen Autopiloten zu verfallen und den Zauber des Lebens nicht mehr zu sehen. Ein wacher Blick und offene Sinne lassen dich für das immer wieder Neue des Lebens empfänglich sein. Denke daran: Es gibt überall Blumen fur den, der sie sehen will. Weite deinen Blick für die kleinen Dinge des Lebens. Gehe also alte Wege so, als würdest du sie zum ersten Mal gehen. Oder wähle neue Wege und gehe diese mit deiner ganzen Achtsamkeit:

- Gehe morgens nicht auf den letzten Drücker los, sondern verlasse das Haus 10 Minuten früher und nimm einen neuen Weg in deine Arbeit! Was fällt dir auf?

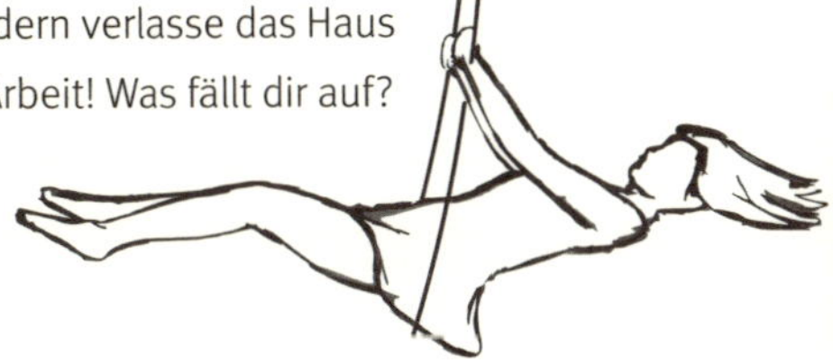

HINGABE AN DAS, WAS IST

Lasse das Gefühl des Gehetztseins los, indem du das, womit du dich gerade beschäftigst, voll und ganz akzeptierst. Wenn du die Dinge nicht immer anders haben willst, als sie sind, kannst du dich viel mehr in den Moment hinein entspannen. Dann entschleunigst du automatisch, weil du nirgendwo anders hinkommen musst. Das ist natürlich eine hohe Kunst, aber sie zu lernen ist auch eine sehr lohnenswerte.

Wenn du das akzeptierst, was du in diesem Augenblick machst, und alles andere in dir zur Ruhe kommen lässt, kann eine natürliche ungezwungene Gelassenheit entstehen und du entschleunigst ganz von alleine.

Stelle dir vor, dass jeder Moment deines Lebens eine Perle ist, die auf die Kette deines Lebens aufgefädelt wird. Jede Perle ist ein Stück kostbare Zeit deines Lebens – und jedes Stück ist gleich wichtig. Manchmal erkennen wir allerdings erst viel später, wie wichtig die Begegnung mit einem Menschen war, ein Gespräch, ein Blick in die Augen, ein Händedruck, eine Aussprache. Und manchmal denken wir uns später, wie gut es gewesen wäre, wenn wir diesem Moment mehr Zeit geschenkt hätten.

Deshalb: Widme dich immer nur einer Perle und tue es mit deiner ganzen Hingabe. So, als wäre es das Allerwichtigste, was du zu tun hast. Benenne die Aufgabe und sprich sie laut aus: »Ich schreibe jetzt achtsam und voller Hingabe dieses Protokoll. Ich nehme diese Aufgabe an.« Oder: »Ich verbringe die nächsten zwei Stunden mit meiner Mutter und schenke ihr meine ganze Aufmerksamkeit.«

Notiere, welche Erfahrungen du damit machst, wenn du dich dem, was du gerade tust, mit deiner ganzen Hingabe widmest.

DIE KRAFT DER GEDANKEN

In den letzten Jahren sind zahlreiche Untersuchungen veröffentlicht worden, die zeigen, wie unmittelbar und stark sich unsere Gedanken auf unser Gehirn auswirken. Mittlerweile kann anhand von Aufnahmen sogar gezeigt werden, ob wir gerade an ein Auto oder an einen Schraubenzieher denken. Man weiß heute auch, dass eine Geisteshaltung, die geprägt ist von achtsamen, wohlwollenden, mitfühlenden Gedanken, zu einer positiven Wandlung des Gehirns führen. Viele Leiden können auch durch die Kraft der Gedanken geheilt werden.

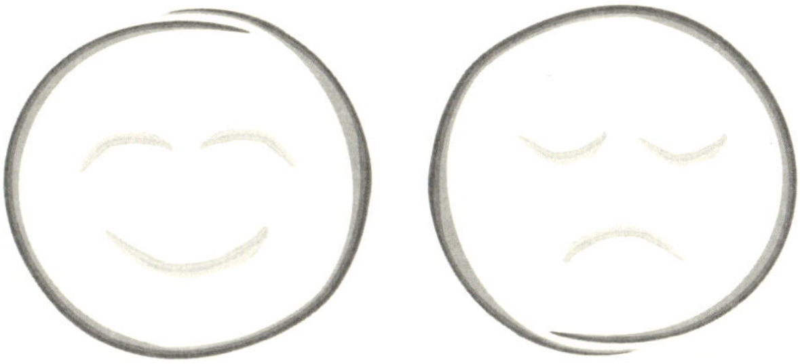

Mehr noch: Wir sind auch in der Lage, unsere Stimmung gezielt zu beeinflussen. Übungen, die die Entschleunigung fördern, regen die Ausschüttung von Glücksbotenstoffen an. Indem wir Übungen machen, die uns guttun, werden bestimmte Areale im Gehirn aktiviert, durch die wir langfristig ausgeglichener, zufriedener und erfüllter werden.

Umgib dich mit schönen Dingen und konzentriere dich im Laufe des Tages immer wieder auf deren wohltuende Wirkung. Konzentriere dich zum Beispiel achtmal über den Tag verteilt 20 Sekunden darauf.
Stelle dir zum Beispiel schöne Blumen auf deinen Schreibtisch und erfreue dich bewusst an deren Farbenvielfalt oder Duft.
Oder hänge dir Fotos auf, die dich an schöne Erlebnisse erinnern.
Nimm das positive Gefühl, das mit dieser Erfahrung zusammenhängt, ganz bewusst mit jeder Zelle deines Körpers auf.

SCHLUSS MIT MÜSSEN UND SOLLEN

Ich will!

Unser Dasein ist geprägt von den inneren Monologen und Geschichten, die uns unser Geist erzählt. Jeden Tag denken wir etwa 17 000 Gedanken, von denen 95 Prozent immer dieselben sind. Es sind subtile, machtvolle und destruktive Gedanken, die uns von der direkten Erfahrung des Lebens abhalten. Nur durch einen wachen und geschulten Geist lernen wir, unsere Gedanken als solche zu erkennen und sie dann entweder zu nutzen oder ziehen zu lassen. Viele dieser Gedanken kreisen um das, was wir noch erledigen MÜSSEN. Noch bevor wir morgens die Augen aufmachen, fällt uns bereits ein, was wir noch alles zu erledigen haben. Spätestens beim Frühstück überkommt es uns wie eine kalte Dusche, was wir noch machen müssen. Selbst der Samstag oder Sonntag hat ein MUSS als Vorzeichen.

Manche Dinge im Leben MUSS man tatsächlich tun. Andere jedoch nicht. Wir müssen atmen, schlafen, essen und sterben. Alles andere ist nicht zwangsläufig ein MUSS. Gerade an freien Tagen wie Samstag und/oder Sonntag meinen wir, das eine oder andere erledigen zu müssen. Das schafft allerdings eine große innere Unruhe, weil wir als Müssende ständig unter Druck stehen. Wir hetzen den eigenen Ansprüchen hinterher und kommen gar nicht dazu, uns am Wochenende zu erholen.

Oft sind wir uns aber gar nicht bewusst, dass wir uns selbst mit Gedanken wie:

- Ich muss ...
- Ich sollte unbedingt ...
- Ich müsste eigentlich ...
- Ich muss noch schnell mal ...

durch den Tag peitschen.

Mit Sätzen wie diesen erzeugst du innerlich enorm viel Stress, Druck, Erschöpfung und innere Enge. Aber wer sagt eigentlich, dass du dich so stressen musst?

Notiere, wie oft du heute Sätze denkst oder laut aussprichst, die beginnen mit: »Ich müsste ...«, »Ich sollte ...«, »Ich muss ...«.

Spüre innerlich nach, wie sich ein solcher Gedanke oder Satz körperlich auf dich auswirkt. Halte bewusst einen Moment inne und frage dich: »Muss ich wirklich?«

Formuliere den Satz um und mache die Gegenprobe. Wie geht es dir, wenn du stattdessen sagst: »Ich möchte gerne ...« oder: »Ich würde gerne ...«? Die meisten Menschen fühlen sich dann gleich wohler und nicht so unter Druck, wenn sie das Wort »müssen« durch »möchten« ersetzen. Der Körper wird weiter, der Atem tiefer und die Last des Müssens fällt wie von selbst ab.

Hinterfrage den geistigen Engmacher MÜSSEN. Werde stattdessen weit und öffne dich für »Ich möchte Gedanken«.

Formuliere deine häufigsten »Ich-muss-Sätze« einmal um, wie zum Beispiel:

»Ich muss meine Mutter anrufen.« -> »Ich möchte meine Mutter anrufen.«
» Ich muss den Rasen mähen.« -> »Ich will heute noch den Rasen mähen.«

★★★ GEDANKLICHE STRESSMACHER ENTLASSEN

Bye bye!

Welche Worte sorgen bei dir selbst für Stress? Wie wäre es, wenn du sagst: »Ich rufe dich an, sodass wir uns in Ruhe austauschen können.« Oder: »Ich werde mir genug Zeit nehmen, um den Müll runterzutragen.« Trage typische Beispielsätze hierzu in die Tabelle ein:

Ich bringe nur mal schnell den Müll runter.	Ich nehme mir jetzt die Zeit, den Müll ganz in Ruhe zu entsorgen.
Ich bin total im Stress ...	Ich habe genug Zeit, eine Aufgabe nach der anderen sorgfältig zu erledigen.

ERKENNE DEINEN INNEREN ANTREIBER

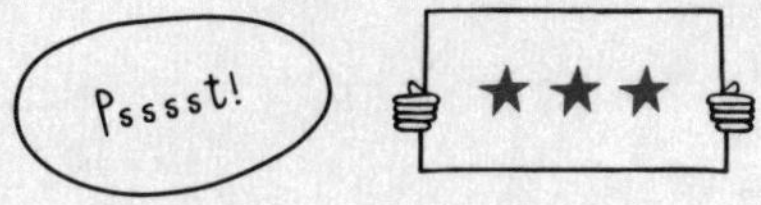

Wenn wir unsere Aufmerksamkeit auf unsere Gedanken richten, können wir wahrnehmen, dass es nicht selten die negativen und kritischen sind, die uns durch den Kopf gehen. Kennst du auch solch kritische Gedanken wie: »Das geht nicht gut ...!«, »Du musst noch besser werden ...!«?

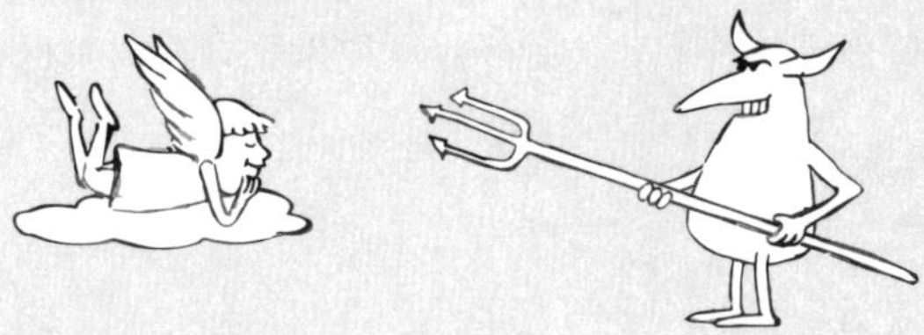

Sie treiben dich an und reagieren mit starkem Gegenwind auf deinen Wunsch, entschleunigen zu wollen. Sie machen dir das Leben zur Hölle, und das, obwohl du dich nach innerem Frieden, nach Wertschätzung, Ruhe und Gelassenheit sehnst. Ein achtsamer Umgang mit deinen Gedanken hilft dir dabei, dass dein gedanklicher innerer Antreiber endlich mal Ruhe gibt. Dein Gewahrsein, dass nicht du es bist, sondern ein innerer Antreiber oder Zweifler, der dir den ganzen Tag vermittelt, dass du nicht gut, nicht effektiv, nicht reich genug bist.

Diese Bewusstheit lässt dich feststellen: Das bin ich ja gar nicht! Das sind ja nur meine Gedanken! Ich kann diese Gedanken zwar nicht abstellen, aber ich habe die Freiheit, diese Stimmen zu ignorieren. Ich habe die Freiheit, einfach nicht auf sie zu hören. Mit Achtsamkeit beginnt die Entschleunigung im Kopf.

➡ Mit welchem Satz wirst du angetrieben von deinem inneren Antreiber?! Schreibe ihn auf und mache dir bewusst, dass du ihm Einhalt gebieten musst!

★★★ DEN HORIZONT ERWEITERN

Im Laufe unseres Lebens entwickeln wir Gewohnheiten, Meinungen, Verhaltensweisen und Rahmenbedingungen, ohne sie großartig zu hinterfragen. Wir machen unsere Ideale und Werte zum Maß aller Dinge. Daraus basteln wir uns unser eigenes Hamsterrad. Die Stäbe bestehen aus den subjektiven Überzeugungen, Regeln und Vorstellungen, wie die Welt zu sein hat. Anstatt dass sie uns aber unterstützen, machen uns all diese Konzepte immer enger. Und das, was uns das Leben eigentlich leichter machen sollte, schränkt uns immer mehr ein. Um das Rad haben wir uns zusätzlich noch einen goldenen Käfig gebaut.

Wie bist du hineingekommen in deinen Käfig? Vermutlich mit Sätzen wie:
»Nur wenn ich viel leiste, bin ich etwas wert.«
Oder:
»Das habe ich nicht verdient …,«
oder:
»Ich hasse mich …,«
oder:
»Nur wenn ich ein großes Auto fahre, Golf spiele und ein schönes Haus besitze, bin ich liebenswert.«

Die Frage ist, ob du das wirklich alles tun und leisten musst, um geliebt zu werden. Lieben deine Freunde oder deine Familie dich nicht deiner selbst wegen? Wäre es ihnen nicht lieber, mehr Zeit mit dir zu verbringen und dafür ein bisschen weniger zu besitzen?

Nimm diese Fragen heute mit auf einen Spaziergang in deiner Mittagspause oder nach deiner Arbeit.

WER BIN ICH?

Entschleunigen bedeutet, sich wieder einmal auf sich selbst zu besinnen und zu überlegen, was DU wirklich willst und wer du bist!

Nimm die Frage »Wer bin ich?« mit durch den Tag und überlege dir zum Beispiel beim Blick in deinen Kleiderschrank:
Ist das wirklich mein eigener Geschmack oder ist es die Modeindustrie, die mich bestimmt?

Beim Blick in den Kühlschrank kannst du dich ebenfalls fragen:
Folge ich einem Trend oder ist das, was ich esse, wirklich das Bedürfnis meines Körpers …

Stelle dir über den Tag oder – noch besser – über eine ganze Woche hinweg immer wieder die Frage: Wer bin ich wirklich?!

Mache dir Notizen dazu und lasse los, was nicht zu dir gehört.

GLÜCK ERLEBEN

Be happy!

Die Glücksforschung hat herausgefunden, dass in den USA bis zu einem Durchschnittseinkommen von etwa 15 000 bis 20 000 Dollar pro Jahr und Kopf ein unmittelbarer Zusammenhang zwischen Geld und Glücklichsein besteht. Andere Studien haben aber auch gezeigt, dass spätestens ab einem Jahreseinkommen von 75 000 Dollar ein Sättigungseffekt eintritt. Oberhalb dieser Grenze haben Glück und Geld keinen Einfluss mehr aufeinander. Zwar fühlt man sich unabhängiger und auch sicherer, aber das Glück wurde irgendwo zwischen 15 000 und 75 000 Dollar auf der Strecke abgehängt.

In Mitteleuropa liegt das Durchschnittseinkommen über diesem Wert. Und trotzdem sind viele Menschen bei uns latent unzufrieden und glauben, dass nur noch mehr Geld und Besitz sie eines Tages glücklich machen werden. Umgekehrt leben die glücklichsten Menschen in Ländern wie Costa Rica und Island. Diese Forschungsergebnisse regen zum Nachdenken an. Was macht denn dann glücklich?

Auch zu der Frage: »Wenn Geld nicht glücklich macht, was dann?« gibt es zahlreiche Untersuchungen. Hier zeigt sich, dass das soziale Zusammengehören, also Freundschaften, eine Familie und das Helfen, glücklich macht. Also das Gefühl, dazuzugehören und gebraucht zu werden, Mitgefühl und Altruismus – auf einen Nenner gebracht: die Liebe.

Erwiesenermaßen rauschen viele Menschen in einen Burnout, weil sie meistens alles auf eine Karte setzen. Das ist hierzulande häufig der Beruf, gepaart mit einem hohen Einkommen. Dabei bleiben Familie, Freunde, soziale Kontakte und Gesundheit auf der Strecke. Richtig glücklich sind wir aber nur dann, wenn sich unser Leben in Balance befindet und wir eine Basis aus sechs Standbeinen haben. Kümmern wir uns gleichermaßen um alle Bereiche, dann erleben wir innere Zufriedenheit.

Sie werden gebildet aus:

- Beruf
- Familie & Partnerschaft
- Gesundheit
- Soziale Kontakte
- Individualität & Hobby
- Glaube & Spiritualität.

In welchem Verhältnis stehen diese Bereiche in deinem Leben zueinander? Ordne jedem eine Farbe und die Größe eines Kreissegments zu. Fülle den Kreis dann aus und beschrifte die Segmente.

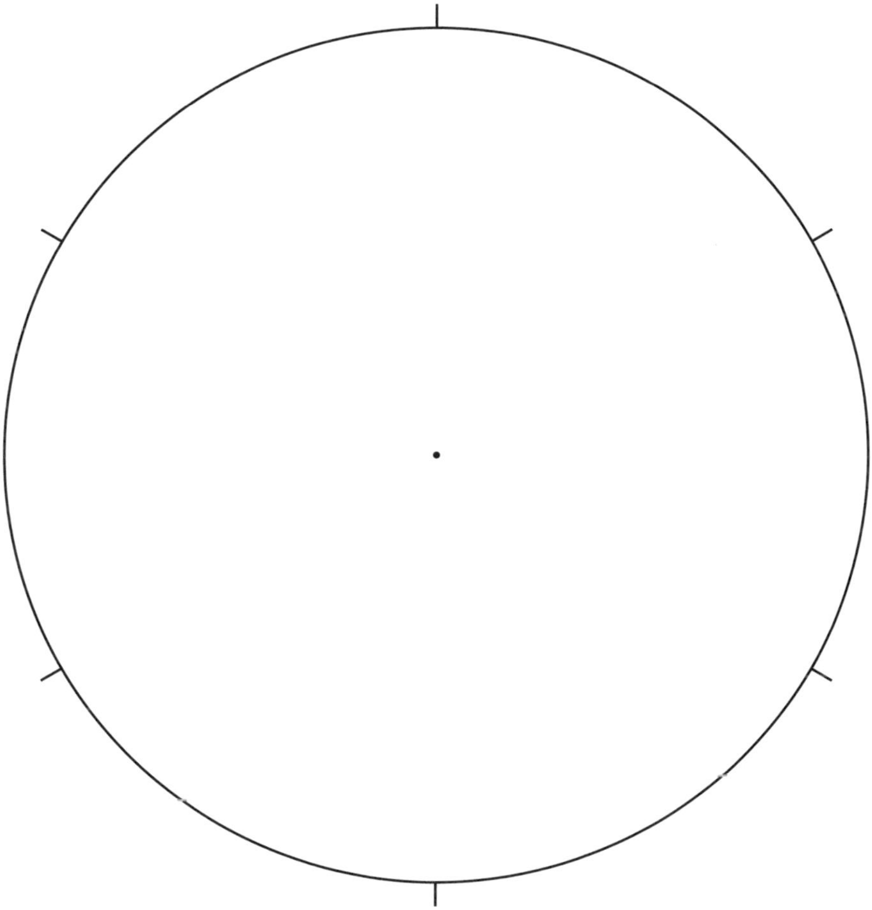

★★★ DEN GLÜCKSKÄFER FÜTTERN

Unser Leben in eine Balance zu bringen und alle Bereiche des Glückskäfers zu nähren geht natürlich nicht von heute auf morgen. Mit Glückskäfer ist ein Symbol gemeint, das alle sechs Bereiche (siehe Seite 55) beinhaltet. Ein Käfer mit nur vier oder drei Beinen kann bekanntlich nicht gehen. Sechs Beine hingegen ermöglichen es ihm, die Welt zu erforschen und dabei glücklich und entspannt zu sein.

Natürlich ist es nicht möglich, sich jeden Tag ausführlich allen Bereichen gleichermaßen zu widmen. Aber selbst wenn es nur ein paar Minuten sind, so wird es dir guttun, wenn du jedem der sechs Bereiche jeden Tag auch nur ein paar Minuten schenkst. Ein frischer Smoothie in der Mittagspause für deine Gesundheit, eine SMS an einen Freund, den du schon lange nicht mehr gesehen hast. Versuche, jedem Bereich immer wieder deine Aufmerksamkeit zu schenken.

Schreibe am Ende des Tages auf, wie du deinen Glückskäfer genährt hast.

Beruf	
Familie & Partnerschaft	
Gesundheit	
Soziale Kontakte	
Individualität & Hobby	
Glaube & Spiritualität	

ALLES IST SCHON DA!

Das Glück zu erkennen bedeutet zu sehen, was bereits da ist! Das vergessen wir viel zu häufig. Braucht es wirklich ein neues T-Shirt, ein weiteres Essservice, eine Fernreise? Ist nicht das, was wir haben, schon mehr als genug?!

Wenn wir erkennen, dass wir bereits so vieles besitzen, dann können wir von dem Gefühl des Mangels loslassen und uns mehr in den Moment entspannen und wieder einmal Freude an dem haben, was wir bereits alles besitzen.

Mache eine Liste der Dinge, die du besitzt, Länder, die du bereits gesehen hast, Konzerte, die du schon besucht hast. Mache dir bewusst, dass du bereits in einem Paradies lebst. Schaue auf die Dinge, die du hast, anstatt auf das, was dir alles fehlt. Schreibe spontan all die Güter und Schätze auf, die du bereits besitzt und hütest.

GLÜCKSMANDALA

Nimm dir ein paar Buntstifte und ein bisschen Zeit und male dieses Mandala aus.

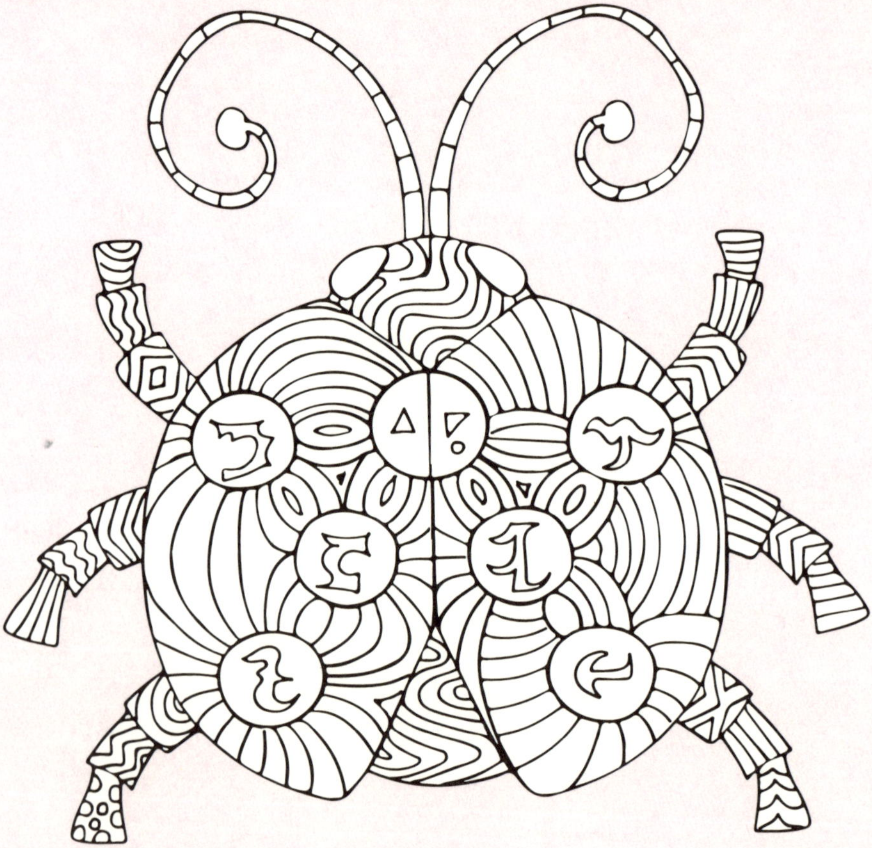

DANKBAR SEIN

Glaubst du auch, dass das Glück in der Zukunft liegt? Mit dieser Vorstellung bist du nicht alleine. Allerdings übersehen wir dabei oft den Reichtum des gegenwärtigen Moments.

Steige hier aus! Überprüfe einen Tag lang, wofür du dankbar sein kannst. Notiere deine Erlebnisse und beantworte dazu die folgenden Fragen.

1. Bist du dir bewusst, dass diese Erfahrung nicht selbstverständlich ist und du dafür dankbar sein kannst?

2. Wo genau im Körper kannst du diese Dankbarkeit wahrnehmen?

3. Welche Gedanken und Gefühle gehen mit diesem Gefühl einher?

4. Welche Gedanken, Gefühle und Körperempfindungen hast du jetzt, während du dies aufschreibst?

★ ★ ★

LANGSAM KOCHEN UND ESSEN

Zu entschleunigen bedeutet, das Leben bewusst zu genießen. In jedem Moment, mit allen Sinnen und in allen Lebensbereichen. Ein erster Anfang ist mit *Slow Food* gemacht. Damit gemeint ist, dass du dir wieder mehr Zeit für dein Essen nimmst, es riechst, schmeckst, also mit allen Sinnen genießt.

Slow Food ist auch gleichzeitig eine Gegenbewegung zum uniformen und globalisierten Fast Food. Die ursprünglich aus Italien stammende Bewegung bemüht sich um die Erhaltung der regionalen Küche mit heimischen Produkten. *Slow Food* ist eine wichtige Zutat in einem entschleunigten Leben. Probiere es aus!

Nimm dir eine Mahlzeit vor, die du selbst kochst. Öffne all deine Sinne für den Vorgang des Kochens. Wie fühlt sich die Möhre an, wenn du sie in die Hand nimmst? Wie eine Tomate? Wie riechen die Kräuter, die du hackst? Frisch, holzig, warm oder blumig? Bestimme die Aromen von Gewürzen, während du dein Essen zubereitest oder sie schmeckst! Achtsam wahrgenommen, beleben sie deine Sinne und schenken dir Freude (und häufig sogar auch eine bessere Gesundheit).

Welche Erfahrungen machst du?

Sehen: ______________________________

____

____

Hören: ______________________________

____

____

Schmecken: ______________________________

____

____

Riechen: _

_ _

_ _

Fühlen: _

_ _

_ _

Nice to know!

WEISHEITSGESCHICHTE

»Sechs Uhr abends rückt heran. Ich spüre es heranrücken. Nicht so intensiv wie die Kinder den Weihnachtsabend heranrücken spüren. Aber immerhin. Punkt sechs Uhr trinke ich Tee, ein feierliches Genießen ohne Enttäuschungen in diesem belasteten Dasein. Etwas, was man sicher hat, man hat seine friedvolle Glückseligkeit in seiner eigenen Macht. Es ist direkt unabhängig vom Schicksale. Schon das Eingießen des guten Hochquellwassers in mein schönes weites Halblitergefäß aus Nickel macht mir Freude. Dann warte ich das Sieden ab, den Sang des Wassers. Ich habe eine riesige halbkugelige tiefe Schale aus ziegelrotem Wedgewood. Der Tee ist aus dem ›Café Central‹, duftet wie Almwiese, wie Kohlröserl und Gräser im Sonnenbrande.
Der Tee ist goldgelb-strohgelb, niemals bräunlich, leicht und unbedrückend. Ich trinke sehr, sehr langsam. Der Tee ist inneres, anregendes Nervenbad. Man trägt die Dinge leichter dabei.

Mein Tee sechs Uhr abends verliert niemals seine Macht über mich. Ich sehne mich ihm täglich in gleicher Weise entgegen und liebevoll vermähle ich ihn meinem Organismus.«
(Peter Altenberg, Ich trinke Tee, in: Pròdromos, Berlin 1906)

RENDEZVOUZ MIT DIR SELBST

Ein Zuviel an Arbeit kann auch dadurch entstanden sein, dass du den guten Draht zu dir selbst verloren hast, dass du dich schnell einsam fühlst, wenn du alleine bist, oder dich langweilst und gar nicht weißt, was du mit dir anfangen sollst. Zeit, dass sich das ändert!

Begegne dir selbst. Verabrede dich mit dir und nimm dir wieder einmal Zeit für dich. Verwöhne dich. Stelle dir vor, ein König oder eine Königin kommt zu dir zu Besuch und du hegst und pflegst sie nach allen Regeln der Kunst!

- Verwöhne dich mit einem wohltuenden Bad, gefüllt mit duftenden Essenzen.
- Koche dir etwas Gutes. Richte den Tisch so her, als würdest du einen Gast erwarten.
- Schenke dir eine entspannende Massage. Kaufe dir ein schönes Körperöl und massiere dich selbst damit. So, als würdest du deinem Liebhaber oder deiner Liebhaberin eine Massage schenken.
- Mache es dir gemütlich. Kerzen, schöne Musik und ein lauschiges Plätzchen können eine wunderschöne Atmosphäre schaffen, bei der du gut entspannen kannst.

SLOW DRINKS: SCHLUCK FÜR SCHLUCK

★★★

Sieh es als Herausforderungen, bei all den Fast-Food-Angeboten, die dir tagtäglich begegnen, oder bei To-go-Verlockungen die Achtsamkeit im Umgang mit Essen und Trinken zu kultivieren – oder sei pfiffig: Verbinde das eine mit dem anderen! Auch ein To-go-Kaffee lässt sich achtsam genießen!
Wenn es schon ein To-go-Produkt sein muss, dann versuche, dich vollkommen darauf zu konzentrieren. Bleibe stehen, wenn du einen Schluck trinkst. Oder besser noch: Suche dir eine Bank, auf der du dir die Zeit nimmst, den Becher Kaffee in Ruhe zu genießen. Wie riecht der Kaffee? Wie fühlt sich der heiße Becher in deiner Hand an? Wie entfaltet sich der Geschmack in deinem Mund? Kannst du im Magen wahrnehmen, wann der Kaffee dort angekommen ist?

Ich nehme den Geschmack des Kaffees viel intensiver und länger wahr.

Nice to know!

DEN KRISEN DANKEN

Eine besondere Entschleunigungsübung: Denke heute an eine wichtige Krise in deinem Leben. Danke den Menschen, die daran beteiligt waren und sie möglicherweise sogar ausgelöst haben. Auch wenn es paradox klingt, aber ohne ihr Dazutun wärst du nicht so reif und weit, wie du es heute bist. Entschleunigen hat auch damit zu tun, wie viel Zeit du dir für deine Entwicklung gibst.

★★★

DU BIST DER MEISTER!

Sich entspannt mit den Dingen zu beschäftigen, die das Leben erhalten, wie etwa Essen oder Trinken und das Zubereiten deiner Mahlzeiten, lohnt sich in mehrerlei Hinsicht: Es macht Freude und es schmeckt viel besser!
Und wenn du dann noch bei deinem Tun auf deine Gedanken achtest und negative vermeidest, wird jede Mahlzeit ein Fest!
Denn: Was wir denken, kann sich tatsächlich auch auf die Qualität unseres Essens auswirken.

Der folgende Versuch wird es dir beweisen!

Koche zwei Schälchen Reis und stelle sie für drei Wochen in die Vorratskammer oder den Kühlschrank.

Besprich das eine Schälchen nur mit positiven Sätzen wie:
»Ach wie schön, dass du da bist« oder:
»Du bist das Beste, was mir passieren konnte.«
Das zweite Schälchen besprichst du mit Sätzen wie:
»Du bist der totale Versager!« oder:
»Aus dir wird nichts.«

Das Ergebnis wird dir deutlich vor Augen führen, wie sehr deine Gedanken sich auch auf Materie auswirken!

EIN TAG OHNE UHR

★★★

Nimm einen Tag lang deine Armbanduhr ab und gucke auch nicht auf dein Handy, um die Uhrzeit zu überprüfen. Mache es wie ein Kind: Sei ganz bei der Sache. Ohne Zeitdruck. So, als gäbe es nur diese eine Tätigkeit, die du zu erledigen hast. Mache das, was du gerade zu tun hast, ohne dir all die Erledigungen vorzustellen, die noch auf deiner (inneren) To-do-Liste stehen.

➡ Schreibe zwischendurch auf, wie es dir damit geht.

FAHRE 10 MINUTEN FRÜHER LOS

Egal, ob es eine wichtige Besprechung ist, zu der du fahren musst, oder ob du dich mit einer guten Freundin auf eine Tasse Kaffee triffst. Brich grundsätzlich zehn Minuten eher auf und nutze diese gewonnene Zeit, um dich vor Ort noch etwas zu entspannen oder eine Atemübung zu machen.

Du wirst schnell merken, wie angenehm sich diese Vorgehensweise auf dein ganzes System auswirkt. Auf den letzten Drücker loszufahren führt nämlich unweigerlich dazu, dass unser Gehirn mehr Stresshormone ausschüttet, als uns guttut.

Welche Erfahrungen hast du damit gemacht? Wie hast du deine gewonnene Eigenzeit gefüllt?

VOM TUN INS SEIN

Mache immer wieder Übungen am Wochenende, die dir helfen, vom gestressten Tun ins achtsame Sein zu kommen. Dadurch baust du unnötige Spannung in Körper und Geist ab. Schreibe auf, wofür du dich entschieden hast und wie es dir mit der Erfahrung geht.

Nimm dir zwei bis drei Übungen am Tag vor und schreibe auf, welche Erfahrungen du mit ihnen gemacht hast.

Ich habe bewusst geduscht und dabei das Wasser auf meiner Haut gespürt und den ganzen Körper mit meiner vollen Aufmerksamkeit wahrgenommen, ohne dabei abzuschweifen.

Nice to know!

DAS GEHIRN STARK MACHEN

Wenn wir den Stecker ziehen, entschleunigen, innehalten und entspannen, entstehen neue Gehirnzellen im Hippocampus, jener Gehirnregion, die mit dem Gedächtnis, Emotionen und dem Lernen verknüpft ist.

★★★

MEDITATION MIT DER STILLE

Studien haben gezeigt, dass Stille für unsere Steuerzentrale im Kopf und unser ganzes Dasein viel wichtiger ist, als bisher vielleicht angenommen. So richtig wohl fühlte sich unser Gehirn wohl in der Zeit, als der Mensch noch unter freiem Sternenhimmel am Lagerfeuer saß. Das heutige Leben, in dem es immer lauter, greller und schneller wird, vermittelt ihm viel zu viele Reize. Für unser Denk- und Fühlorgan ist es so, als hätte ihm jemand einen riesigen Trichter aufgesteckt und es würden ständig Tonnen an Daten, Bildern, Geräuschen, Reizen, Aufforderungen und Anforderungen hineingestopft werden. Das überfordert das Gehirn und es kommt gegen die ganzen Reize nicht mehr an: Wir sind unkonzentriert, erschöpft, gestresst und werden krank.

Drei Gründe, warum wir Stille brauchen:

1. Stille entspannt und befreit uns von Stress.
2. Stille steigert die mentalen Ressourcen.
3. Die Stille steigert die Kreativität.

In der Stille werden die wahrhaft großen Dinge geboren.
(Thomas Carlyle)

Suche dir einen Ort, an dem du 20 Minuten ungestört bist. Eine Bank im Park, ein Meditationsraum am Flughafen, dein Schlafzimmer oder dein Garten. Es sollte nach Möglichkeit eine Umgebung sein, in der du keiner konstanten Geräuschkulisse ausgesetzt bist.

Mache dich dann bereit für die Meditation:

1. Nimm eine aufrechte und bequeme Sitzhaltung ein und schließe die Augen.

2. Konzentriere dich zuerst auf deinen Körper: Nimm den Kontakt mit der Unterlage, auf der du sitzt, wahr und durchwandere den Körper von unten nach oben.

3. Am Kopf angekommen, richte deine Aufmerksamkeit auf deine Ohren und nimm zuerst einmal nur die Stille im Außen wahr. Solltest du Geräusche wahrnehmen, wie die Stimme von Menschen oder Autoverkehr, dann versuche, ob du zwischen den einzelnen Geräuschen einen Moment der Stille erfährst.

4. Konzentriere dich auf ihn. Gehe dann mit deiner Aufmerksamkeit nach innen und schau, ob du dort in Kontakt kommst mit der Stille. Tauche mit jedem Atemzug immer tiefer in die Stille ein.

5. Solltest du zwischendurch mit deinen Gedanken abschweifen, so hole dich mit einem tiefen Atemzug immer wieder in die Meditation zurück.

Wiederhole diese Meditation nach Möglichkeit täglich und schreibe auf, welche Erfahrungen du dabei machst.

Tag	Wie ich mich fühle:

KRAFT TANKEN

Suche dir einen Platz in der Natur, in einer Kirche, in einem Park oder an einem Ort, an dem du dich richtig wohlfühlst. Die Natur kann dir dabei die meiste Kraft geben.

Genieße nun eine Atemmeditation, die dich erdet und in den Moment bringt:

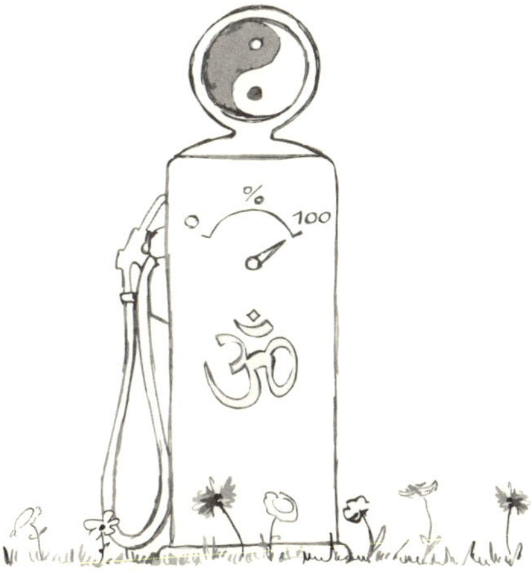

1. Stehe nach Möglichkeit barfuß auf dem Boden. Die Füße stehen dabei hüftbreit auseinander, die Knie sind leicht gebeugt und das Becken ist ein wenig nach vorne gekippt. Entspanne deinen ganzen Körper und atme in deinem Rhythmus.

2. Versuche nun, mit geschlossenen Augen durch einige tiefe Atemzüge Kontakt zur Erde aufzunehmen und im Hier und Jetzt anzukommen. Gedanken, die um deine Arbeit, deine Kinder, Partnerschaft oder auch um den nächsten Urlaub kreisen, nimmst du wahr, lässt sie aber vorbeiziehen wie eine Wolke am Himmel.

3. Atme tief ein und aus und stelle dir vor, wie aus deinen Füßen Wurzeln wachsen, die tief ins Erdinnere dringen. Mit jedem Atemzug nimmst du die Kraft der Erde durch deine Füße in dir auf. Jede Zelle wird von dieser Vitalität erfüllt. Mit jedem Ausatmen verlassen angesammelte Giftstoffe, negative Gefühle, Sorgen und Zweifel deinen Körper.

4. Versuche dir vorzustellen, wie jede Zelle deines Körpers mit frischer Energie aufgeladen wird.

5. Suche diese kostenlose Energie-Tankstelle nach Möglichkeit so häufig wie möglich auf!

LASS DICH VERZAUBERN

Die Stille in der Natur beruhigt uns ganz automatisch. Das Rauschen eines Bachs entspannt uns, der Gesang eines Vogels verzückt uns. Gehe nach draußen und sei offen für die Wunder der Natur, die dir in unmittelbarer Umgebung begegnen.

Schreibe zehn Eindrücke auf, die du gesehen, gerochen, gefühlt, gehört oder geschmeckt hast, als du dich von der Natur hast verzaubern lassen.

1. Das Schneeglöckchen im Vorgarten.
2. ______________________________
3. ______________________________
4. ______________________________
5. ______________________________
6. ______________________________
7. ______________________________
8. ______________________________
9. ______________________________
10. ______________________________

BLUMENMANDALA

Nimm dir ein paar Buntstifte und ein bisschen Zeit und male dieses Mandala aus. Eine wunderbare Tiefenentspannung!

★★★ REISE DURCH DEN TAG

Dankeschön!

Suche dir einen ruhigen Ort. Schließe die Augen und stelle dir vor, dass dein Tag eine Reise war, die mit dem Aufwachen begonnen hat. Gehe nun alle Ereignisse, die du im Laufe des Tages erlebt hast, eins nach dem anderen noch einmal langsam durch.

- Wie ging es dir beim Aufwachen? Warst du entspannt? Ausgeschlafen?
- Oder hattest du das Gefühl, Knochen aus Blei zu haben?
- Hast du dich auf diesen Tag gefreut oder ihm mit Sorge entgegengesehen?
- Hat sich dein Grundgefühl im Laufe des Tages verändert?
- Was waren die schönsten Momente, die du heute erlebt hast?
- Was war deine schönste Begegnung?
- Hattest du sie mit einem vertrauten Menschen? Oder war es das Lächeln eines fremden Kindes, der Anblick eines Welpen, einer Blume?
- Hast du dir trotz aller Geschäftigkeit Zeit genommen, eine Tasse Tee ganz in Ruhe zu genießen?
- Konntest du dich ein wenig zurückziehen und ein paar tiefe Atemzüge nehmen?
- Hast du heute die Natur wahrgenommen? Die Sonne? Eine Blume?
- Was hat dir heute am besten an deinem eigenen Verhalten gefallen?
- Versuche, eine Situation vor Augen zu haben, die dich heute besonders erfreut hat, damit du den Tag mit einem guten Gefühl beenden kannst. Und selbst wenn es nur ein kleiner Moment war, so kann dieser Moment dein Herz erhellen!

Wenn du diese kleine Reise gemacht hast, kannst du diesem Tag danken und ihn zugleich mit allen Gedanken und Gefühlen, die damit zusammenhängen, loslassen und mit dem Bewusstsein einschlafen, dass der nächste Tag wieder ein Geschenk an dich ist. Und eine weitere Gelegenheit darstellt, zu entschleunigen und dabei einem wundervollen und interessanten Menschen zu begegnen – dir selbst.

FASTENTAGE EINLEGEN

Wie wär's, mal einen Tag eine Essenspause einzulegen? Heute hat dein Körper Zeit zu entschlacken und sich von Überflüssigem zu entlasten. Fastentage können uns ebenfalls darin unterstützen, uns auf das Wesentliche zu konzentrieren und das Tempo herauszunehmen.

So geht's:

Morgenfasten

Trinke nach dem Aufstehen ein Glas warmes Wasser. Das regt die Verdauung an und macht es möglich, dass Schlackenstoffe abtransportiert werden können. Trinke über den Vormittag verteilt Tee, Mineralwasser oder frisch gepressten Fruchtsaft, der deinem Körper wertvolle Vitamine und Ballaststoffe zuführt. Genieße jedes einzelne Getränk und stelle dir dabei vor, dass du deinem Körper dadurch viel Gutes tust!

Teefasten

Beim Teefasten verzichtest du einen Tag lang ganz auf Nahrung. Stattdessen trinkst du über einen ganzen Tag verteilt Kräutertees. Vermeide nach Möglichkeit rote Früchtetees, die übersäuern den Körper. Von schwarzem Tee solltest du ebenfalls die Finger lassen, denn er enthält Koffein. Als Ergänzung zum Teefasten eignet sich eine Basensuppe, die du im Reformhaus kaufen kannst. Sie versorgt den Körper mit Mineralien und Vitaminen.

Obstfasten

Besonders empfehlenswert ist diese Fastenform im Frühjahr und Sommer. Sie hat hier viele Anhänger, weil es zu diesen Jahreszeiten viel frisches, regional geerntetes Obst gibt. Darüber hinaus werden Obstfastentage auch besonders geschätzt, weil Früchte viele Vitamine und heilsame Wirkstoffe enthalten. Folgende Fruchtsorten tun deinem Organismus gut:

Nice to know!

FRÜCHTCHEN MIT EFFEKT

Frucht	Wirkung
Ananas:	Wirkt entwässernd, hilft bei Darmstörungen, hebt den Eiweißstatus im ganzen Körper.
Apfel:	Senkt den Blutdruck, Blutfett- und Cholesterinwerte, kräftigt Herz, Kreislauf und das Immunsystem, stabilisiert den Blutzuckerspiegel, reinigt den Darm und kräftigt das Zahnfleisch.
Aprikose:	Hilft bei Müdigkeit und Konzentrationsschwäche, kräftigt Schleimhäute, Haut und Haare und lindert Asthmabeschwerden.
Brombeere:	Kräftigt das Immunsystem, wirkt entzündungshemmend, festigt das Bindegewebe und hilft bei Nervosität.
Erdbeere:	Entgiftet den Darm, lindert Verdauungsbeschwerden, regt das Immunsystem und den Stoffwechsel an, wirkt entwässernd, kräftigt Knochen, Haare und Haut.
Feige:	Reguliert die Verdauung, hilft bei Müdigkeit, Antriebsschwäche und beim Abnehmen.
Melone:	Wirkt vitalisierend, verschönert Haut und Haare, schützt die Schleimhäute im Körper.
Papaya:	Verbessert den Eiweißstatus im gesamten Körper, wirkt vitalisierend, stärkt Immunsystem und Schleimhäute, kräftigt Herz und Kreislauf.
Weintraube:	Beseitigt Darmträgheit und Verstopfung, reinigt Nieren, Blase und Harnwege, lindert das Prämenstruelle Syndrom, hilft bei Müdigkeit und Depression.

VERFOLGE DEIN PERSÖNLICHES ZIEL

Was hast du durch die verschiedenen Übungen erfahren? Durch welche ist es dir gelungen zu entschleunigen? Welche von ihnen möchtest du jetzt als festen Bestandteil in deinen Alltag integrieren?

1. ____________________________
2. ____________________________
3. ____________________________
4. ____________________________
5. ____________________________
6. ____________________________
7. ____________________________
8. ____________________________
9. ____________________________

Wiederhole all die Übungen, die dir guttun, so häufig wie möglich, damit du völlig entspannt und mit heiterer Gelassenheit das Leben mit seinen vielen Facetten genießen kannst.

ZUM SCHLUSS

Du bist am Ende deines Übungshefts angekommen. Ich hoffe, es hat dir Spaß gemacht und dir geholfen, langsamer zu werden. Nimm dein Übungsheft ruhig immer wieder zur Hand und sieh das Üben damit als Auftakt, deine Fähigkeit zu entschleunigen zu schulen.
Ich wünsche dir dabei weiterhin alles Gute!

DIE AUTORIN

Doris Iding ist Ethnologin und Yoga- und MBSR-Lehrerin. Sie lebt und arbeitet in München als Buchautorin und Seminarleiterin in den Bereichen Achtsamkeit, Meditation und Yoga. Ihre Bücher wurden in 15 Sprachen übersetzt.

Mehr Tipps zum Entschleunigen findest du hier:
www.vomglueckderkleinendinge.de

WEITERE BÜCHER VON DER AUTORIN

Der kleine Achtsamkeitscoach. GU, 2012
Alles ist Yoga. Weisheitsgeschichten aus dem Yoga. Schirner, 2010
Die Angst, der Buddha und ich. Nymphenburger, 2013
Achtsamkeit. Mein Übungsbuch für mehr Balance & Harmonie. GU, 2015

ÜBUNGSREGISTER

★ ☆ ☆ LEICHT, GEHT RUCKZUCK

★ ★ ☆ MITTELSCHWER, DAUERT NICHT SO LANGE

★ ★ ★ ANSPRUCHSVOLL, BENÖTIGT ETWAS MEHR ZEIT

IMPRESSUM

Projektleitung: Claudia Böhm
Lektorat: Anna Cavelius
Umschlaggestaltung: h3a Mediengestaltung und Produktion GmbH, München
Layout: independent Medien-Design GmbH, München
Herstellung: Renate Hutt
Satz: L42 AG, Berlin
Reproduktion: medienprinzen GmbH, München
Druck: F+W Druck- und Mediencenter, Kienberg
Bindung: Conzella, Pfarrkirchen

ISBN 978-3-8338-5858-1
1. Auflage 2017
Die GU-Homepage finden Sie unter www.gu.de

Bildnachweis
Illustrationen: www.pfau-illustrationen.de
Syndication: www.seasons.agency

Wichtiger Hinweis

Die Gedanken, Methoden und Anregungen in diesem Buch stellen die Meinung bzw. Erfahrung der Verfasserin dar. Sie wurden von der Autorin nach bestem Wissen erstellt und mit größtmöglicher Sorgfalt geprüft. Sie bieten jedoch keinen Ersatz für persönlichen kompetenten medizinischen Rat. Jede Leserin, jeder Leser ist für das eigene Tun und Lassen auch weiterhin selbst verantwortlich. Weder Autorin noch Verlag können für eventuelle Nachteile oder Schäden, die aus den im Buch gegebenen praktischen Hinweisen resultieren, eine Haftung übernehmen.

GRÄFE UND UNZER Verlag
Leserservice
Postfach 86 03 13
81630 München
E-Mail:
leserservice@graefe-und-unzer.de

Telefon: 00800 / 72 37 33 33*
Telefax: 00800 / 50 12 05 44*
Mo–Do: 9.00 – 17.00 Uhr
Fr: 9.00 – 16.00 Uhr
(gebührenfrei in D, A, CH)*